KB209529

누가
진실을
전복하려
하는가

On Disinformation:
How to Fight for Truth and Protect Democracy
by Lee C. McIntyre

누가 진실을 전복하려 하는가

리 매킨타이어 지음 김재경 옮김 정준희 해제

일러두기

- 책의 후주는 저자의 주이며, 각주는 원서에는 없는 한국어판 역자·편집자주로 국내 독자의 이해를 돕는 개념을 중심으로 정리했습니다.
- 소셜미디어 '트위터'는 2023년 이후 X로 변경되었으나, 원서의 표기에 따라 트위터로 그대로 남겨두었습니다.

제 마음에 불씨를 지펴주신

데이브 코크런Dave Corkran 선생님께

이 책을 바칩니다.

비록 작은 책이지만 책을 쓰는 데 도움을 주신 분들을 향한 내 마음은 결코 작지 않다. 우선 키릴 아브라모프, 제시카 도슨, 마크 포마르, 클린트 와츠에게 감사를 드리고 싶다. 그들의 전문적인 지식 덕분에 연구 과정에서 배운 점이 정말 많다. 물론 그 과정에서 중요한 지침을 제공해준 미셸 대니얼에게도 감사한다. 조너선 라우시, 영광스럽게도 책의 초고를 읽고 평가해준 것은 물론 훌륭한 조언과 도덕적 지지도 아끼지 않았다. 제임스 매킨타이어와 로빈 로젠필드 역시 너무나도 값진 의견을 많이 내주었다. 냉철한 시선이 필요할 때는 날카로운 분석을 남겨주고 격려가 필요할 때는 많은 응원을 보내준 친구이자 동료 철학자 존 하버와 앤디 노먼에게도 진심으로 감사한다. 그리고 MIT 출판사 직원 여러분, 늘 그랬듯이 이번에도 함께 일하면서 정말 즐거웠다.

특히 고등학교 시절 역사 선생님 데이브 코크런 선생

님께 이 책을 바친다. 선생님 덕분에 글을 쓰는 법, 생각하는 법, 두려움에 굴하지 않고 신념을 지키는 법을 배웠다. 세계 곳곳의 훌륭한 교사들이 코크런 선생님의 본을 그대로 따르고 있다면 그만큼 미래가 희망적일 것이다.

당연한 말이지만 이 책에 오류가 있다면 그건 전적으로 나의 책임이며 최종 원고에 등장하는 내용이 내가 언급한 사람들의 견해를 완벽히 반영하는 건 아닐 수 있음을 유념해주시기 바란다.

차례

3장 역정보를 창조하는 자

4장 역정보를 퍼뜨리는 자

5장 역정보를 믿는 자

6장 진실 전쟁에서 승리하는 법

해제

1장

진실 도살자

"전체주의 통치의 이상적인 신민은
확신에 찬 나치주의자나 공산주의자가 아니라
사실과 허구, 진실과 거짓을 더 이상 구분하지 못하는 사람이다."

_ 한나 아렌트

가짜 성배에 둘러싸인 진실의 성배

2021년 1월 6일 미국 국회의사당 점거 폭동은 비극적인 사건이었다.• 충분히 예측 가능한 사건이기도 했다. 얼굴에 물감을 칠한 채 뾰족한 깃대, 몽둥이, 케이블 타이를 들고 상원의원실로 향하던 '애국자'들은 지난 70년간 담배, 진화, 지구온난화, 백신 같은 주제에 거짓말이 쌓이

• 2020년 미국 대선 결과에 불복한 도널드 트럼프 전 대통령의 지지자들이 2021년 1월 6일 워싱턴에서 항의 집회를 하면서 미국 국회의사당을 점거한 폭력 사태를 말한다. 이 사태로 인해 주방위군과 연방 경찰이 투입돼 정리하는 과정에서 여섯 명이 사망하기도 했다. 트럼프는 2024년 선거 운동을 하며 국회의사당에 난입해 기소되거나 유죄 판결을 받은 이들을 '애국자' 혹은 '인질'이라고 부르며 자신이 대통령이 되면 이들을 전원 사면하겠다고 주장했다.

고 또 쌓이도록 방치한 결과였다. '진실 도살자truth killer' 들이 경제적·이념적 이해관계에 반하는 과학적 사실을 어떻게 부정하면 되는지 청사진을 물려준 덕분에 부도덕한 정치인들은 관심 있는 어떤 주제든 거짓말로 우기는 법을 손쉽게 터득했다. 예컨대 그들은 2020년도 대선이 사기극이라거나, 1월 6일 사태를 일으킨 폭도가 '평화 시위대' 내지는 정체를 숨긴 안티파Antifa(극우 세력에 대항해 등장한 안티 파시스트 운동가—옮긴이)라는 근거 없는 주장을 쏟아냈다.

현실 부정의 세계에 온 걸 환영한다. 이곳에서는 진실이 이념에 종속되고 감정이 증거보다 중시되며 민주주의가 벼랑 끝으로 내몰린다. 지난 역사를 돌이켜 봐도 실제 독재자든 독재를 꿈꾸는 지도자든 인민을 통제하는 가장 빠른 방법이 정보의 출처를 통제하는 것임을 잘 알고 있는 게 분명했다. 물론 오늘날 우리 사회에 언론의 자유가 존재하기는 하지만 이제는 역정보(은폐, 기망, 오도를 목표로 고의적으로 퍼뜨리는 허위 정보—옮긴이) 공작이 새로운 정보 검열 수단으로 자리 잡았다.

〈인디아나 존스: 최후의 성전Indiana Jones and the Last Crusade〉에서 해리슨 포드Harrison Ford가 마침내 성배를 발견했음에도 수많은 가짜 성배 사이에 둘러싸여 있어서 어떤 게 진짜 성배인지 알아보지 못했던 장면을 기억하는가? 바로 그게 역정보 공작의 핵심이다. 진실을 숨기거나 없앨 수 없다면 개소리로 둘러싸겠다는 전략이다. 진실을 도륙하는 작업은 나중으로 미뤄도 된다.

탈진실post-truth에 매뉴얼 같은 게 존재한다면 아마 이렇게 적혀 있지 않을까? "진실을 말하는 자를 공격하라. 무슨 화제든 거짓말로 둘러대라. 역정보를 꾸며내라. 불신과 양극화를 조장하라. 혼란과 냉소를 유발하라. 그리고 독재자의 말이 곧 진실이라고 주장하라." 그렇게 하는 목적은 단지 사람들이 거짓 주장을 믿도록 만들려는 것이 아니다. 거짓을 홍수처럼 쏟아내 사람들의 사기를 꺾어버리려는 것이다. 거짓이 난무하는 상황 속에서 사람들은 정치적 맥락에서 자유로운 진실을 파악하는 게 불가능하다고 여겨 이를 포기하고 만다.

20세기 전체주의를 다룬 기념비적인 저서 《전체주의의 기원The Origins of Totalitarianism》에서 홀로코스트 역사

전문가이자 정치철학자 한나 아렌트Hannah Arendt도 이렇게 지적한다. "전체주의 통치의 이상적인 신민은 확신에 찬 나치주의자나 공산주의자가 아니라 사실과 허구, 진실과 거짓을 더 이상 구분하지 못하는 사람이다."[1] 최근에 또 다른 홀로코스트 역사 전문가 티머시 스나이더Timothy Snyder는 같은 이야기를 단 한마디로 표현했다. "탈진실이 곧 파시즘이다."[2]

사랑부 지하실의 악몽

문제를 해결할 시간은 1년도 채 남지 않았다. 2022년도 미국 중간선거에서 케빈 매카시Kevin McCarthy를 비롯한 공화당 충신들은 하원을 탈환하는 데 성공했다. 지난 대선이 '순 거짓말big lie'이라는 트럼프의 주장을 포용한 결과 공화당이 도리어 상을 받았다는 뜻이다. 이들은 2024년 투표 결과가 어떻든 트럼프(혹은 그들이 원하는 인물)를 대통령 자리에 앉힐 완벽한 준비를 갖췄다. 그때 미국 사회는 조지 오웰George Orwell이 《1984》에서 떠올린 악몽, 즉 '2+2=5'가 성립되는 사랑부 지하실의 광경과 얼마나 닮아 있을까?

진실이 사라지고 나면 민주주의의 종말은 순식간에 뒤따를 것이다. 러시아나 중국에서처럼 여전히 정장 차림의 정치인들이 국민을 위해 일하는 척 가식을 떨고 선거도 더 자주 열릴지 모르지만 전부 별다른 의미는 없을 것이다. 만약 진실 도살자들이 현실 부정 전략을 이용해 민주주의를 무너뜨리는 데 성공한다면 바로 그다음 날 우리는 선거로 직접 뽑은 독재 정권하에 눈을 뜰 것이다.

2장

전략적 부정론의 역사

선동은 선동꾼에게 이익을 가져다주기 때문에 생겨난다.
그게 경제적 이익이든 정치적 이익이든 이념적 이익이든,
핵심은 부정론이 거짓을 믿는 사람이 아니라
거짓을 꾸며내는 사람에게 이익이 된다는 점이다.

거짓은 꾸며내는 자에게 이익이 된다

현실 부정은 실수가 아니라 고의적인 거짓말이다. 오정보misinformation와 역정보disinformation, 즉 평범한 오해에서 비롯된 정보와 선별적 조작을 거친 허위 정보는 반드시 구분해야 한다. 언론, 정부, 교육 부문에 종사하는 사람들은 오늘날의 인식론적 위기를 사고나 재해라고 생각해서는 안 된다. 오히려 모두가 알 만한 개인이나 집단이 조직적으로 꾸미는 작전임을 이해해야 한다. 그들은 대중에게 역정보를 퍼뜨려 의심, 분열, 불신을 조장함으로써 부정론자 군대를 양성하고자 한다.

진실은 죽어가고 있는 것이 아니라 죽임을 당하고 있

는 것이다.

유태인이 우주에서 쏜 레이저 때문에 캘리포니아 산불이 일어났을지도 모른다는 의심이나, 코로나19 백신에 마이크로칩이 들어 있을지도 모른다는 의심은 어느 날 잠에서 깼더니 갑자기 머릿속에 떠오른 생각이 아니다. 그보다는 전혀 의심의 여지가 없던 문제에 의심을 불러일으키려고 의도적으로 고안한 선동 작업의 결과물이다. 그런 선동은 선동꾼에게 이익을 가져다주기 때문에 생겨난다. 그게 경제적 이익이든 정치적 이익이든 이념적 이익이든, 핵심은 부정론이 거짓을 믿는 사람이 아니라 거짓을 꾸며내는 사람에게 이익이 된다는 점이다.

과학 부정론의 이면

오늘날의 과학 부정론은 1953년 12월 15일에 탄생했다. 당시 학계에서 흡연과 폐암의 연관성을 밝혀내기 시작하자 미국의 4대 담배 회사 대표들은 뉴욕시의 플라자호텔에 모였다. 그들은 PR 전문가로부터 학계의 동향에 어떻게 대응해야 할지 조언을 구했다. 이에 대해 PR 전문가들은 다음과 같이 조언했다. "과학에 맞서 싸워라. 미국 신문에 전면 광고를 내보내라. 과학자를 고용해 담배가 폐암과 관련이 없다는 대안 서사를 구축하라. 흡연 논쟁에서 '양쪽 진영' 모두가 말할 기회를 갖도록 기자, 편집자, 출판사를 구슬리라. 흡연 논쟁이 아직 아무것도 '증명'되지 않은 열린 과학 논쟁임을 강력하게 밀어붙여라."

결국 학계에서 널리 인정받는 사실에 대중의 의심을 불러일으키는 게 목표였다.

전략은 효과가 있었다. 1955년에 담배 사용에 관한 여론을 묻는 설문조사를 실시한 결과 '언론도 대중도 별다른 공포심이나 경각심을 나타내지 않는 것'으로 나타났다.[1] 담배 회사들은 이후 40년간 의심의 물결에 힘입어 계속 수익을 올렸다. 1994년 국회 청문회에서조차 7대 담배 회사 수장들은 니코틴에 중독성이 있다고 생각하지 않는다고 증언했다. 물론 그때쯤에는 많은 사람들이 담배 회사의 말을 믿지 않았다. 하지만 어쨌든 담배 업계의 목표는 달성되었다. 애초부터 그들의 목표는 흡연이 폐암을 유발하지 않는다는 증거를 제시하는 것이 아니라 흡연이 정말 폐암을 유발하는지 의심하도록 유도함으로써 담배를 더 많이 팔 때까지 상황을 지연시키는 것이었기 때문이다. 1998년 마침내 '거대 담배 회사'들은 미국 역사상 최고 벌금액인 2,000억 달러의 벌금을 맞았다. 물론 그 후로도 (새로운 광고 규제하에) 담배를 계속 판매할 수 있었다. 어차피 담배가 위험하다는 비밀이 만천하에 밝혀졌기 때문이다. 하지만 몇 년 후인 2004년, 1969년에 작성된 문건 하나가 수면 위로 떠올랐다. 이 문건에 따르면 담배 업계 임원들은 담배가 건강에 치명적이라는 사실을 줄곧 알고 있었다.

나오미 오레스케스Naomi Oreskes와 에릭 콘웨이Erik Conway는 통찰력 넘치는 저서 《의혹을 팝니다Merchants of Doubt》에서 현대 미국의 과학 부정론 '탄생 설화'를 자세히 설명한다. 두 사람의 분석에 따르면 바로 그 과학 부정론이 제공한 청사진 덕분에 나중에는 산성비나 오존층에 관한 진실은 물론 (끔찍하게도) 지구온난화에 관한 진실마저 부정당하기 시작했다. 이후 다른 학자들과 언론인들은 석유 회사 역시 혼란을 부추기고 진실을 미루기 위해 수십 년간 '담배 회사의 전략'을 엄밀히 따랐음을 밝혀냈다. 그들은 비주류 과학자들의 연구를 후원했고, 의회 의원들에게 기부금을 바쳤으며, 몇몇 '싱크탱크'에 돈을 대 기후변화에 대한 과학적 합의가 있는지 의심하게 만드는 연례 학회를 개최하도록 했다. 또한 기업 이미지를 포장하기 위해 홍보 캠페인을 벌였다. 그러는 와중에도 석유 회사들은 계속 이익을 거뒀다. 진실은 나중에 석유 회사들의 내부 문건이 연달아 유출되고 나서야 드러났다. 그들은 무려 1977년부터 지구온난화에 관한 진실을 알고 있었다.[2]

과학자들은 정책입안자가 제때 조처를 취해 사람들의 목숨을 구할 수 있도록 진실을 공개적으로 밝히려 노력하는데, 그런 선의의 노력에 훼방을 놓다니 범죄나 다름없다는 생각이 들 것이다. 그러나 과학의 실증적 발견이 딱히 이득이 되지 않는 자들 입장에서는 어마어마한 성공이나 마찬가지였다. 이런 성공은 전략적 부정론의 영향력을 학계 밖에서 이용하려는 자들의 관심을 끌었다.

오렌지색 머리를 한 어느 야심찬 정치인이 담배나 기후변화 논쟁을 지켜보고는 비약을 거쳐 이런 냉소적인 결론을 이끌어냈을지도 모르는 일이다. "가만, 저런 문제를 놓고 거짓말을 지껄여도 아무렇지 않게 넘어갈 수 있다고? 나도 무슨 문제든 거짓말로 둘러대도 되겠는데?"
그리고 실제로 그렇게 했다.

이제 진실 도살자들에게는 새로운 표적이 생겼다. 과학뿐만 아니라 현실 자체를 겨냥한 것이다.

ON DISINFORMATION

3장

역정보를 창조하는 자

거짓말쟁이가 역정보를 이용하는 목적은
단지 자신의 이익에 반하는 특정 사실에 의문을 제기하는 것이 아니라
'진실을 말하는 자'를 향한 신뢰를 약화시키는 것이다.

과학 부정론자의 5가지 추론 전략

MAGA("미국을 다시 위대하게Make America Great Again")는 단순한 정치 구호가 아니다. 이는 오랜 전통을 지닌 부정론 캠페인의 일환이다. 15년 전에 인지과학자들은 과학 부정론자가 모두 동일한 추론 전략을 따른다는 사실을 발견했다. 물론 결함이 많은 전략이었다.[1]

① 유리한 증거만 골라서 제시하기

② 음모론 믿기

③ 비논리적인 추론을 펼치기

④ 가짜 전문가 말에 기대기(진짜 전문가 폄하하기)

⑤ 상대에게 말도 안 되는 기준 요구하기

바로 ① '유리한 증거만 골라서 제시하기' 때문에 테드 크루즈Ted Cruz 같은 기후변화 부정론자가 힘을 얻는다. 그는 1997년에서 2015년 사이에 전 세계 평균 기온이 상승하지 않았음을 암시하는 동일한 데이터(심지어 나중에 수정됨)[2] 몇 개만을 반복적으로 들이민다. 반면 그 이후에 쌓인 방대한 데이터, 즉 표면 기온, 빙하 손실, 이상기후 현상, (크루즈가 직접 인용한 데이터를 더 큰 맥락에서 분석한) 위성 데이터 등은 깡그리 무시한다. 정작 이러한 데이터를 바탕으로 2019년에 로이터는 기후변화를 뒷받침하는 증거가 이제 너무 확실해져서 기후변화 부정론자가 옳을 확률이 100만 분의 1에 불과하다는 성명서를 냈다.[3] 또한 ② '음모론 믿기' 때문에 지구가 평평하다고 믿는 지지자는 사악한 정부, 우주비행사, 조종사, 과학자가 지구의 본모습을 숨기고 있다고 주장하며, 백신 반대론자는 질병통제예방센터가 MMR 백신이 자폐증을 유발한다는 데이터를 숨기기 위해 의학연구소에 뒷돈을 건넸다고 주장한다. 한편 ③ '비논리적인 추론을 펼치기'와 같은 이유로 마스크 착용을 반대하는 사람은 N95 마스크를 착용하더라도 코로나19에 걸릴 수 있다고 믿는다. ④ '가짜 전문가 말에 기대기'를 따르는 사람은 화이자나 모더나 백신보다 하이드록시클로로퀸(말라리아 치료제로 코로나19 백신이 개발되기 전 보건 당국에서 잠깐 사용을 권한 적이 있다—옮긴이)이나 이버멕틴(보통 구충제로 사용한다—옮긴이)이 코로나19에 더 잘 듣는다고 생각한다. ⑤ '상대에게 말도 안 되는 기준 요구하기' 같은 수법은 진부할 만큼 오래된 전략이다. 이를 토대로 진화 부정론자나 기후변화 부정론자 등은 과학자들이 먼저 그들의 연구 결과를 완벽히 증명하지 않는 이상 자신들의 반대 믿음도 동일한 수준의 신빙성을 가진다고 주장한다.

과학 부정을 넘어 현실 부정으로

전작 《지구가 평평하다고 믿는 사람과 즐겁고 생산적인 대화를 나누는 법How to Talk to a Science Denier》에서 나는 위와 같은 잘못된 추론 전략을 자세히 살펴보면서 어떻게 하면 과학 부정론자들처럼 잘못된 신념을 지닌 사람들과 직접 대화를 나눌 수 있을지 탐구했다. 하지만 오늘날 우리가 직면한 문제는 이와 같은 악독한 추론 방식이 과학 부정론을 넘어 현실 부정론으로까지 전이되고 있다는 점이다. 이를테면 사람들은 사악한 연구원들이 백신에 마이크로칩을 집어넣고 있다는 주장을 펼치는 수준에서 부패한 선거관리위원회가 어떤 식으로든 2020년도 대선 결과를 조작한 뒤 증거를 싹 없애버렸다는 주장을 펼치는 수준까지 나아갔다.

트럼프의 대통령 임기가 끝날 무렵 《워싱턴포스트Washington Post》는 그가 지난 4년 동안 거짓말을 3만 번 이상 했다고 보도했다.[4] 하지만 그중에서도 민주주의에 가장 치명적이고 위험한 거짓말을 꼽자면 역시 2020년도 대선에 관한 대담한 거짓말(그리고 그로 인해 촉발된 폭동)을 빼놓을 수 없다. 이는 부정론자의 다섯 가지 추론 전략을 전부 충족한다.

① 선별적 증거 제시

애리조나주 마리코파 카운티에서 다분히 편파적인

'엉터리 감사'를 벌여 투표 결과를 재검토했으나 결국 바이든의 승리가 확실시되었다. 그럼에도 트럼프와 지지자들은 최종 보고서에서 일부 데이터만 선별해 들이밀면서 오래도록 논란이 된 문제가 아직 해결되지 않았다고 주장했다.[5]

② 음모론

애리조나주 감사 활동의 일환으로 관계자들은 동아시아에서 투표용지 4만 장이 날아와 투표함에 꽂혔다는 음모론을 해소하기 위해 투표용지에서 '대나무 섬유'를 찾는 수고를 들여야 했다.[6] 그 밖에도 개표 기계가 조작되었다는 음모론, '사라진' 투표용지가 든 가방이 발견되었다는 음모론, 샤피Sharpie 펜으로 기표한 용지가 무효 처리가 되었다는 음모론, 이탈리아의 군사용 위성이 트럼프 표를 지워버렸다는 음모론[7] 등이 존재했다.

③ 비논리적 추론

1월 6일 폭동 사태 직후에 트럼프와 지지자들은 실제 폭력이 일어나지는 않았으며 트럼프의 추종자들이 그저 '평화 시위자'에 불과하다고 주장했다. 그와 동시에 안티파나 그 밖의 위장 세력이 '자작극'을 벌인 탓에 폭력이 일어났다는 소문을 퍼뜨리기도 했다.[8] 대체 무슨 수로 두 가지 주장이 동시에 사실일 수가 있을까?

④ 가짜 전문가

트럼프 선거 팀이 애리조나주 감사 작업을 실시하기 위해 고용한 기관은 사이버닌자스Cyber Ninjas였다. 물론 사이버닌자스는 감사 경험이 전혀 없었으며 선거 전문 기관도 아니었다.[9]

⑤ 말도 안 되는 기준

전문가들이 철저한 증거를 통해 음모론을 반박했음에도 트럼프와 지지자들은 2020년도 대선이 사기가 아니라는 사실이 증명되기 전까지 결코 거짓 믿음을 포기하지 않으려고 한다.[10]

'#도둑질을멈춰라#StopTheSteal'• 캠페인이 다섯 가지 패턴에 부합하는지 독자들도 직접 자문해보자. 그러면 이것이 완벽한 부정론 캠페인임을 결코 부인할 수 없을 것이다. 하지만 이런 대담한 거짓말은 저절로 생겨나지 않았다. 여느 부정론과 마찬가지로 누군가가 뚜렷한 목적을 가지고 상황을 끝이 보이지 않는 심연으로 이끈 것이다. 그 출발점에는 역정보가 있었다.

이어지는 내용은 2021년 1월 6일에 트럼프가 지지자들에게 건넨 연설 중 일부다.

> 오늘 여기 모인 우리 모두는 대담해진 좌익 민주당 녀석들이 대선 승리를 훔쳐가는 꼴을 지켜보지 않을 겁니다. 네, 코앞에서 훔쳐가고 있다니까요. 가짜뉴스 미디어 역시 과거나 지금이나 도둑질을 서슴지 않고 있죠. 하지만 우리는 결코 포기하지 않을 것이며 결코 물러나지 않을 것입니다. 그런 일은 없을 거예요. 도둑질을 당했는데 순순히 물러나는 사람이 어디 있습니까.

• 2020년 치러진 미국 대통령 선거에서 트럼프의 지지자들이 투표와 개표 과정에서 부정이 있었다며 "도둑질을 멈춰라(Stop the Steal)"라는 구호를 외치며 벌였던 대선 불복 시위를 말한다.

> 우리 미국은 참을 만큼 참았습니다. 우리는 더 이상 가만히 당하고만 있지 않을 겁니다. 우리가 이렇게 모인 것도 다 그 때문이죠. 여러분 모두가 합심해서 떠올린 표현을 빌리자면 우리는 도둑질을 막을 겁니다. 오늘 저는 이 자리에서 우리가 선거에서 승리했다는, 그것도 압도적으로 승리했다는 증거를 몇 개 보여드리겠습니다. 아슬아슬하지도 않은 선거였다니까요.[11]

불신을 조장하는 자들

전략적 부정론이 성공을 거두려면 세 가지 조건이 필요하다. 첫째, 역정보가 만들어져야 한다. 둘째, 역정보가 널리 퍼져야 한다. 셋째, 역정보가 믿어져야 한다. 단지 단기적인 목표(이를테면 수익을 내겠다는 목표)를 이룰 때까지 진실을 미루는 게 목적이라면 의심을 제기하는 것만으로 충분하다. 하지만 진실을 미루는 정도가 아니라 죽이는 게 목적이라면, 즉 정치적·이념적 차원의 장기적인 목적을 이루고자 한다면 불신을 조장하는 게 필수적이다.

일반적인 사람들 입장에서 '현실(혹은 사실)을 부정하는 신념을 가진 사람들'을 접하면 그들의 행동이 납득이 되지 않는다. 사실의 증거가 압도적으로 많은데도 어째서 증거를 받아들이기를 거부하는지 이해할 수 없기 때문이다. 어째서 이런 일이 일어날까?

그건 부정론 신념이 애초에 사실에 기반을 두고 있지 않기 때문이다. 그런 신념은 정체성에 뿌리를 두고 있다. 지난 70년 동안 사회심리학자들은 신념이 사회적 특성을 지니고 있음을 드러내는 수백 가지 실험을 수행했다. 심리학의 고전이 된 솔로몬 애시Solomon Asch의 1955년도 실험•부터 도덕적 판단이 결부된 데이비드 데스테노David Desteno의 실험••에[12] 이르기까지, 신념이 사회적 순응 현상에 종속되어 있다거나 심지어 '부족주의' 성격을 띤다는 증거는 무궁무진하다.

경험적 믿음조차도 공동체, 신뢰, 가치관은 물론 주변 사람의 시선에 큰 영향을 받는다. 분명 여기에는 진화학적으로 수긍할 만한 이유가 있을 것이다.[13] 누가 자기 유전자를 다음 세대로 전달할 가능성이 더 높을까? 사회적 통념이 어떻든 계속 자기 말이 옳다고 주장하는 사람일까 아니면 다른 사람들과 잘 어울리는 사람일까? 이렇게 보면 진실은 순전히 저울질에 따른 결과물에 불과하다. 문제는 이런 경향성이 전면적인 프로파간다를 통해서든, 아니면 모닥불 곁에 둘러앉아 늘어놓는 감언이설을 통해서든 진실을 조작할 가능성을 열어준다는 점이다.

거짓말쟁이가 역정보를 이용하는 목적은 단지 자신의 이익에 반하는 특정 사실에 의문을 제기하는 것만이 아니라 '진실을 말하는 자'를 향한 신뢰를 약화시키는 것이다. 이 목적을 성취하면 한 번에 모든 부류의 사실을 무너뜨릴 수 있다. 요컨대 역정보는 정말 영악하게도 단지 거짓을 믿게 만드는 데에서 그치지 않고 그 거짓말을 믿

• 이 실험은 1950년대에 솔로몬 애시가 집단 동조에 대한 인간의 행동을 이해하기 위해 실시한 실험이다. 8~9명으로 이루어진 참가자들은 카드 두 장을 받는다. 1번 카드에는 선이 하나 그려져 있었고, 2번 카드에는 선 세 개가 그려져 있다. 1번 카드에 그려진 선과 동일한 길이의 선을 2번 카드에서 찾는 것이 참가자들의 과제다. 처음 두세 번의 질문에서는 참가자 모두가 정답을 선택한다. 하지만 세 번째 질문에서는 앞의 7~8명의 참가자가 전부 동일한 오답을 선택한다. 이때 마지막 참가자이자 실제 피험자는 어떤 선택을 할까? 이 실험 결과에 따르면 피험자의 37퍼센트가 앞의 참가자들과 동일하게 오답을 선택했다. 즉, 자신의 판단을 수정해 다수의 의견에 동조하는 경향을 보인 것이다(《포스트트루스》 62쪽 〈집단 동조 이론〉 참조).

지 않는 사람이라도 진실을 불신하게(때로는 혐오하게) 만든다. 기후변화 부정론이 정치적인 캠페인 성격을 띠고 난 뒤로 훨씬 더 큰 효과를 거뒀던 까닭도 바로 이 때문이다. 그러고 나면 과학적 의심은 물론 당파적 적대감까지 이용할 수 있다. 백신 부정 캠페인, 미국 대선 부정 캠페인, #도둑질을멈춰라 캠페인에서도 똑같다. 자신이 제공하는 정보 출처만을 신뢰하게 만들고 다른 정보 출처는 편향되거나 잘못되었다고 생각하게 만들 수만 있다면 역

•• 노스이스턴 대학교(Northeastern University)의 데이비드 데스테노 교수 팀은 한 실험에서는 방금 막 만난 실험 참가자들에게 무작위로 손목 밴드를 지급한 뒤 밴드 색깔에 따라 팀을 나눴다. 그런 다음 참가자들을 다시 두 그룹으로 흩어지게 했다. 첫 번째 그룹은 재미있는 10분짜리 과제와 어려운 45분짜리 과제 중 하나를 선택해 수행해야 했다. 그들은 한 명씩 방에 들어가, 어떤 과제를 수행할지 직접 선택할 수도 있었고 동전 던지기로 결정할 수도 있었다. 하지만 어떤 과제를 수행하든 그 사람 바로 다음에 들어오는 사람은 남아 있는 다른 과제를 수행해야 했다. 선택을 할 수 있는 참가자 중 90퍼센트는 대부분 쉬운 10분짜리 과제를 선택했으며 굳이 동전 던지기에 선택을 맡기지도 않았다. 객관적으로는 불공정했으나 그들은 자신이 공정한 선택을 했다고 말했다.

이 실험을 촬영한 영상을 본 두 번째 그룹의 참가자들은 쉬운 과제를 먼저 선택한 첫 번째 그룹 참가자들을 비난했는데, 유독 자신과 같은 색깔의 손목 밴드를 차고 있는 사람은 이유가 있을 거라며 합리화하고 비난하지 않았다(《포스트트루스》 67~73쪽 〈인지 편향에 대한 현대의 연구들〉 참조).

정보 전략을 펼치는 세력 입장에서는 목적을 이룬 것이나 다름없다.

"단순히 거짓말만 하지 말고 양극화하라. 뉴스 사일로(보통 곡물을 보관하는 커다란 탑 모양의 저장고로 외부로부터 차단된 채 안에서 나는 소리만 메아리처럼 반복해서 듣게 되는 반향실 같은 공간—옮긴이)를 구축하라. 사람들 속에 쌓인 불만과 울분을 탐구하라. '우리 아니면 저들'이라는 구도를 형성하라. 상대는 편향되어 있을 뿐만 아니라 당신에게 거짓말을 하고 있다. 그들은 사악한 존재다. 그러니 물리적으로 폭행을 당하거나 감금을 당해도 싸다."

이런 환경에서는 현실과 다른 대안 서사를 얼마든지 펼칠 수 있다. 설령 그 서사를 뒷받침하는 증거가 하나도 없고, 그게 진실이 아님을 보여주는 반박 증거가 산더미처럼 쌓여 있다 할지라도 말이다. 추종자들은 자신이 지지하는 당파의 주장이라면 응당 지지를 보내야 한다고 이미 길들여져 있기에 그들이 믿고 싶어 하는 바를 자극해 감정에 호소하는 한 무슨 이야기든 진실로 받아들이게 만들 수 있다. 그렇기에 부정론자들 역시 단지 의혹을 제기하는 게 아니라 불신을 조장하는 걸 제1의 목표로 삼는 것이다. 의심은 증거로 극복할 수 있지만 불신은 그럴 수 없다.

왠지 익숙한 이야기 같은가? 그럴 수밖에 없다. 수십 년 전 담배 회사가 전면적으로 활용한 전략이 딱 이와 같은 식이었기 때문이다.

2018년에 출간한 책 《포스트트루스》에서 나는 이런 현상을 '현실이 정치에 종속된 상태'로 규정한 뒤 과학 부정론이 그 전 단계 중 하나라고 주장했다. '담배가 폐암을 유발한다는 사실에 대해 의심을 불러일으키는 것'과 '자신의 정치적 입장에 상충되는 사실은 그것이 무엇이든 음모론을 통해 불신하게 만드는 것' 사이에는 분명한 경계선이 있다는 말이다. 하지만 이제 부정론은 더 이상 과학에 국한된 문제가 아니라 현실 자체에 걸린 문제다. 돈 때문만이 아니라 이념과 권력 때문에 펼쳐진다. 1950년대 플라자호텔에 모인 몇몇 담배 회사 임원들에게서 시작된 짓거리가 미국 국회의사당 계단에서 절정에 이르고 말았다. 이제 부정론은 공화당 입당 테스트용 리트머스 시험지나 마찬가지다. 바로 그 부정론이 극단적으로 드러난 형태가 MAGA 운동이라 할 수 있다.

러시아의 역정보 전략을 미국 정치에 녹여낸 트럼프

트럼프의 2021년 1월 6일 동원 명령은 성공을 거두지 못했다. 자유롭고 공정한 선거를 전복시키는 데 실패했기 때문이다. 폭도들은 마이크 펜스Mike Pence나 낸시 펠로시Nancy Pelosi에게까지 손을 뻗치지는 못했고 쿠데타도 없었다. 하지만 또 어떻게 보면 #도둑질을멈춰라 캠페인은 엄청난 성공을 거두었다. 게다가 아직 끝나지도 않았다.

공화당 지지 유권자 중 66퍼센트는 여전히 2020년도 대선이 사기극이었으며 법적으로는 트럼프가 대통령이 되었어야 한다고 생각한다.[14] 충격적이게도 공화당 의원 147명 역시 조 바이든이 합법적으로 선출된 미국 대통령임을 공개적으로 인정하기를 거부한다.[15]

그들은 어째서 그런 거짓말을 믿는 걸까? 그게 도널드 트럼프가 원하는 바이기 때문이다.

#도둑질을멈춰라 캠페인은 단지 지난 선거를 뒤집으려는 시도에 불과한 것이 아니다. 이는 공정한 선거가 실제로 존재한다는 유권자의 믿음을 약화시키려는 프로파간다 전술이다. 그래야 다음 선거는 트럼프가 훔칠 수 있

기 때문이다. 사실 애리조나의 '엉터리 감사'가 노렸던 것도 그런 게 아니었을까?[16]

트럼프는 대통령이 되기 전부터 이미 역정보를 정치적 무기로 적극 활용하기 시작했다. '버서리즘birtherism'•의 탄생과 힐러리 클린턴Hillary Clinton이 2016년도 대선에서 부정행위를 할 것이라는 주장이 그 시작이었다. 트럼프가 대통령으로 취임한 초기에는 일반투표에서 패배한 사실이나 트럼프의 대통령 취임식 당시 객석이 텅텅 비었다는 사실도 역정보로 대응했으며, 심지어 취임식 연설 중에 비가 왔는지에 대해서도 거짓말을 늘어놓았다.

이후 몇 달 동안 트럼프의 선전 캠페인이 미국 전역을

• 전 미국 대통령 버락 오바마가 대통령에 당선된 이후 미국에서 퍼진 "오바마의 태생이 미국이 아니라 케냐이기에 미국 대통령의 자격이 없다"는 거짓 주장이다. 실제로 오바마는 미국 하와이 태생이다. 2016년 대선을 앞두고 트럼프가 이에 대한 의혹을 집요하게 제기하며 미국 백인들의 감정을 자극해 선거를 유리한 방향으로 이끌었다. 이후 2024년 대선에서 캐멀라 해리스가 민주당 후보로 등장하자 그녀의 태생(아프리카계 이민자 출신 아버지와 인도 이민자 출신 어머니)을 지적하며 인종 정체성을 문제 삼았는데, 언론에서는 이를 가리켜 '제2의 버서리즘', 혹은 '새로운 버서리즘'이라고 이야기한다.

잠식했고 트럼프는 소기의 목적을 달성했다. 미국인들이 혼란에 빠진 것이다. 머리가 얼얼한데 뭐에 맞아서 그런지 감조차 못 잡는 사람이 대부분이었다. 대체 트럼프는 왜 이렇게 거짓말을 많이 한 걸까? 부끄러운 줄을 모르는 걸까? 심지어 일부 거짓말은 뻔히 드러나 있는 증거로 쉽게 반박할 수도 있었다. 그런데도 왜 그토록 많은 사람들이 트럼프를 믿는 것처럼 보였을까? 트럼프를 바보라고 일축하는 사람도 많았지만 어쨌든 그는 누구도 해내지 못한 업적을 완벽히 이루는 데 성공했다. 바로 러시아에서 영감을 받은 역정보 전략을 미국 정치에 제대로 녹여낸 것이다.[17]

현대의 역정보 전술은 블라디미르 레닌Vladimir Lenin의 체카(이후 GPU, KGB를 거쳐 오늘날 FSB, SVR, GRU 등으로 계승된 러시아 비밀정보기관)를 설립한 펠릭스 제르진스키Felix Dzerzhinsky가 1920년대에 개발했다. 정치적 무기로서 역정보가 어떻게 사용되었는지를 다루는《적극적 조치Active Measures》(국내 미출간)에서 저자 토머스 리드Thomas Reid는 러시아 혁명을 반대하는 세력을 상대로 심리전을 벌였던 레닌의 정보전을 시작으로 역정보 공작이 어떻게 발전해왔는지 분석한다.

최근에는 러시아의 인터넷리서치에이전시Internet Research Agency가 정부의 후원을 받는 댓글 부대에 힘입어 해킹, 피싱, 정보 유출, 루머 같은 악랄한 기술을 활용하는 식으로 역정보 전술이 한층 더 심화되었다. 현재 러시아군정보총국(GRU) 내에는 심리전을 전담하는 부대(54777부대), 사이버 및 해킹 작전을 수행하는 부대(26166부대), 정치적으로 민감한 정보를 전략적으로 공개하는 부대(74455부대)가 별도로 존재한다. 동독 KGB 장교 출신이자 러시아의 절대권력자인 블라디미르 푸틴Vladimir Putin 역시 나라 밖의 적뿐만이 아니라 자국민을 상대로도 정보전 전술을 사용하는 것으로 유명하다. 푸틴은 현실 부정이 어떻게 국내 정치로까지 확대될 수 있는지 실례를 보여주는 표본이나 다름없었다.

트럼프는 어떻게 이를 알아차리고 푸틴을 모방하려는 목표를 세웠을까? 많은 사람들이 트럼프가 소련 체제를 막 벗어난 러시아에서 이런저런 사업을 벌였음을 잊고 있다. 그 시기에 트럼프는 러시아 사회를 면밀히 연구할 기회를 얻었다. 스티브 배넌Steve Bannon이나 로저 스톤

Roger Stone 같은 양심 없는 조언자들 덕분에 트럼프는 현실 대신 대안 서사를 창작함으로써 자신의 이익을 밀어붙일 수 있다는 전략에 금방 눈을 뜰 수 있었다.[18] 이에 관해 배넌은 잊지 못할 말을 하나 남겼다. "민주당은 중요하지 않아요. 주적은 미디어죠. 그들을 상대할 방법은 미디어 공간을 개소리로 가득 채우는 겁니다."[19] 그러니 진실을 말하는 자들이 성배를 발견한다 한들 그걸 알아볼 사람이 있을까?

트럼프가 푸틴의 역정보 통치술에서 차용한 대표적인 전술 두 가지는 '거짓말 소방 호스firehose of lies' 전술과 '그쪽이야말로whataboutism' 전술•이다. '거짓말 소방 호스' 전술은 비난을 받을 때 앞뒤가 맞지 않는 해명을 호스로 물을 뿌리듯 마구 쏟아내는 것을 가리킨다.[20] 텍사스 대학교에서 소련 및 러시아의 역정보 전술을 연구하는 전문가 키릴 아브라모프Kiril Avramov의 설명에 따르면 이 전술은 혼란을 야기하고 논리적으로 진실을 찾으려는 시도 자체를 방해하는 게 목적이다. 가장 좋은 예는 2018년 영국에서 세르게이 스크리팔Sergei Skripal이 독살을 당했을 때 푸틴이 대응한 방식을 보면 된다.[21] 푸틴은 영국에 책임을 돌리는 데에서 끝내지 않았다. "스크리팔이 독살된 것이 우크라이나 때문이라고도 했다가, 사고 때문이라고도 했다가, 친척의 보복 때문이라고도 했다. 또한 독살이 아니라 자살이라고도 하고, 러시아는 그런 독극물을 생산한 적이 없다고도 했다."[22] 이렇게 소방 호스로 물을 뿌리듯 동시다발적으로 거짓 정보를 쏟아내면 정보를 접하는 많은 이들이 진실을 찾는 데 혼란을 초래할 수 있다.

푸틴이 애용하는 또 다른 전술인 '그쪽이야말로' 전술은 상대방의 비판이 너무 합리적인 것 같을 때 화제를 아예 다른 쪽으로 틀어버리는 전술이다. 예를 들어,

---

• 그쪽이야말로 전술은 남이 자신을 비난할 때 오히려 상대방에게 비난의 화살을 돌리는 정치 선전 기법이다. 냉전 시기 소련에 대한 비판이 제기될 때, 그에 대한 반박으로 '그쪽이야말로(What about you)'라는 말을 꺼내며 서구 세계에서 벌어진 사건을 거론하는 전략이다.

《디애틀랜틱(The Atlantic)》에 따르면 그쪽이야말로 전술은 1947년, 당시 미국 상무성 장관이던 윌리엄 해리먼(William Harriman)이 연설에서 '소련 제국'을 비판한 것에 대해, 러시아 언론 《프라우다(Pravda)》의 일리야 에렌부르크(Ilya Ehrenburg)가 미국의 소수 인종 집단 관련 법령과 정책을 비판한 것에서부터 시작됐다고 한다. 냉전이 마무리되면서부터 이 전략은 점차 사라지는 듯했으나, 소련을 계승한 러시아에서도 정부를 향해 비판이 가해질 때마다 부활하는 모습을 보였으며, 이를 도널드 트럼프가 전략적으로 차용한 것으로 여겨진다.

2021년 제네바에서 어느 미국 기자가 푸틴에게 "당신의 정적 중 죽거나 투옥된 사람이 유독 많은데, 대체 뭐가 그렇게 두려운 것인가?"라고 문제를 제기했다. 그러자 푸틴은 1월 6일 미국 국회의사당 폭동 사태를 끄집어내며 이렇게 대응했다. "많은 국가들이 우리와 완전히 똑같은 상황을 겪고 있다. 미국에서 벌어진 일은 유감이지만 러시아에서는 일어나지 않았으면 한다."[23]

두 기술 모두 진실 도살자로서 현실을 정치에 종속시킨다는 말이 딱 들어맞는다. 이런 환경에서 거짓말쟁이는 실제 진실이 아니라 진실이기를 바라는 이야기를 늘어놓는다. 자신만의 진실을 그럴듯하게 들리게 만들기 위해 그는 다양한 역정보 전술(이를테면 단순 반복을 통해 인지 편향을 자극하는 기술 등)을 사용한다.

그러나 핵심 목표는 단지 상대를 설득하는 것이 아니라 상대 진영을 극심한 혼란과 냉소에 빠뜨려 대응 방법을 두고 진영 내에서조차 의견이 첨예하게 갈리도록 만드는 데 있다. 최근 아브라모프는 이렇게 말했다. "파편화와 원자화가 심해질수록 사람들을 조종하기가 더 쉬워진다. 전체주의 정권이 사람들을 통제하기 위해 사용했던 기술과 조치가 다시 등장하는 셈이다. 굳이 KGB나 비밀경찰 장교가 아니더라도 알 수 있는 사실이다."[24]

푸틴 VS. 트럼프

이처럼 진실을 도살하는 기술(또한 러시아 정보국에서 영감을 받은 그 밖의 기술)을 트럼프는 MAGA 캠페인 내내 활용했다.[25] 1월 6일 폭동 참가자들이 그저 '평화 시위자'라거나 '평범한 시민'일 뿐이라는 터무니없는(그리고 모순적인) 주장을 폭동 참가자가 트럼프 지지자로 위장한 블랙라이브스매터Black Lives Matter 말썽꾼이나 안티파 세력이라는 주장 옆에 가만히 놓고 생각해보자. 어떻게 두 가지 주장이 동시에 진실이 될 수 있을까? 이후에 FBI가 트럼프의 마라라고 리조트에서 기밀문서를 발견했을 때도 트럼프는 똑같은 전술을 극한으로 활용해 대응했다. FBI가 기밀문서를 리조트에 '심은 것'이라고 주장하는 동시에 자신이 백악관을 떠나기 전에 문서들의 기밀 지위를 전부 해제했다고도 주장한 것이다. '거짓말 소방 호스' 전술을 제대로 물려받아 써먹은 사례다.

트럼프가 '그쪽이야말로' 전술을 대놓고 사용한 사례로는 폭스뉴스와의 인터뷰에서 사회자 빌 오라일리Bill O'Reilly가 "푸틴은 살인자예요"라고 문제를 제기했을 때를 떠올리면 된다. 당시 트럼프는 이렇게 대답했다. "살인자야 많죠. 당신 주변에도 많아요. 설마, 우리나라라고 결백하다고 생각하시는 거예요?"[26] 이 전술의 전제는 일종의 '거짓 등가성false equivalence'을 확보하는 것이다. 피장파장의 오류하에서는 특정 사실 문제에 객관적인 답을 제시하는 게 가능하다는 생각 자체가 어려워진다. 만약 어떤 진실이든 개인의 이야기에 불과하다면 한 이야기는 다른 이야기랑 똑같은 가치가 있는 것 아닌가? 그리고 만약 진실을 아는 게 불가능하다면 비난과 책임 소재를 규명하는 게 무슨 의미가 있을까?

이 모든 맥락에서 드러나는 러시아의 영향력을 고려할 때 러시아가 트럼프의 비난 회피 전술은 물론 MAGA를 뒷받침하는 내용에도 어느 정도 영감을 준 건 아닐지 자연스레 의심이 든다. 만약 그렇다면 러시아는 미국의 부정론 운동에 처음 관여한 게 아닐 것이다. 당장 트럼프가 2016년 대선에서 승리하는 데 도움이 된 역정보를 만들고 퍼뜨리는 데 러시아가 책임이 있지 않은지 여전히 의문으로 남아 있다. 물론 '뮬러 보고서The Mueller Report' 원본을 확인하지 못하는 이상 명확한 답을 찾기는 어렵다. 하지만 의심할 여지가 없는 사실은 지난 20년 동안 러시아가 역정보 공작에 적극적으로 개입해 미국에서 과학 부정론이 활활 타오르도록 부채질했다는 점이다. 러시아는 백신(코로나19 전후 모두), HIV와 에이즈, 에볼라, 5G, GMO, 기후변화 등 다양한 주제에 관해 미국인이 과학에 대한 신뢰를 잃어버리도록 프로파간다를 쏟아냈다.[27] 어느 전문가의 말대로 푸틴의 목표는 '우리가 진실을 파악하기 위해 의존하는 기관'을 겨냥하는 것이다.[28]

코로나 팬데믹이 시작되면서 이는 러시아와 서구권 국가 사이의 '백신 전쟁'으로까지 번졌다. 푸틴은 이를 1957년도에 발사한 인공위성 스푸트니크 1호에 버금가는 자존심 문제로 해석했다. 화이자와 모더나 백신이 위험하다는 인식을 심어 러시아산 백신 '스푸트니크 V'가 훨씬 뛰어나다는 서사를 내세우고 전 세계에 사용을 장려한 것이다. 물론 그 과정에는 역정보 전술이 이용되

었다.[29]

이에 대한 증거는 《월스트리트 저널》에 처음 보도되었다. 해당 기사에 따르면 러시아 정보 기관은 의도적으로 영어로 된 선전 수단 네 개를 활용해 서양의 백신을 깎아내리는 뉴스를 만들고 유포했다.[30] 예를 들어 2020년 4월에 《오리엔탈 리뷰Oriental Review》에서는 빌 게이츠Bill Gates가 백신 기술과 관련된 특허를 손에 넣었다고 주장하면서 앞으로 서구권에서 나오는 백신에 생체 인식 마이크로칩이 들어 있을지도 모른다고 보도했다.[31] 기사 맨 아래에는 페이스북과 트위터에 기사를 손쉽게 공유할 수 있도록 버튼도 달려 있었다. 불과 한 달 뒤 CBS 뉴스에서는 공화당 지지자 중 44퍼센트가 마이크로칩 이야기를 사실로 믿고 있다는 여론조사 결과를 발표했다.[32] (코로나19 백신을 일반인이 처음 접종할 수 있게 되기까지 무려 7개월 남은 시점이자, 화이자와 모더나 백신이 개발되기까지 거의 5개월 남은 시점에 이런 일이 벌어졌음을 기억하자.) 아이러니하게도 러시아 선동가들이 그 일을 너무나 잘해낸 덕분에 오히려 역효과가 나서 러시아 내에서도 백신 맞는 것을 주저하는 사람들이 생겼을 정도였다.[33]

푸틴은 분명 독보적인 진실 도살자다(아직도 의심이 된다면 우크라이나 전쟁 중에 그가 악랄하게 벌이고 있는 역정보 공작을 생각해보자). 그렇다고 #도둑질을멈춰라 캠페인이나 1월 6일의 폭동 사태의 배후에도 푸틴이 있었다는 뜻은 아니다. 분명 러시아는 미국 내에 혼란과 불안을 초래하는 데 관심이 있으며 미국의 이익에 해를 입히는 캠페인이라면 응원은 물론 이용까지 해먹고 싶을 것이다. 하지만 그렇다고 해서 MAGA 세계에서 나오는 모든 역정보와 부정론이 러시아 때문이라는 뜻은 아니다.

러시아의 기이한 승리

최근 미국이 끔찍한 현실 부정의 소굴로 전락하게 된 원인에 대한 훨씬 그럴듯한 답은 사실 코앞에서 우리를 노려보고 있다. 바로 트럼프다. 물론 푸틴에게 영감을 받았을지는 모르나 트럼프 역시 독보적인 진실 도살자다.[34] 트럼프를 광대라고 치부하기 쉽지만 조너선 라우시Jonathan Rauch는 사실 트럼프가 '천재적인 수준의 프로파간다 전략가'라고 주장한다.[35] 게다가 러시아가 MAGA 캠페인의 일부 역정보 생성(혹은 확산)에 책임이 있든 아니면 그저 청사진만 제공한 것이든 간에 결국 그 모든 계획을 실행에 옮길 인물이 필요했던 게 사실이다. 그게 바로 트럼프였다.[36]

그 과정에서 트럼프는 다른 진실 도살자들에게 귀감이 될 만한 특유의 혼란 유발 전술과 거짓말의 기술을 만들어냈다. 2020년도 대선에서 패한 뒤 트럼프는 어마어마한 노력을 기울여 지지층을 결집했으며, 이를 바탕으로 대선 결과에 관한 자신의 거짓 주장에 충분히 동조하지 않는 공화당 정치인들을 위협했다. 실제로 트럼프의 역정보 공작에서 가장 인상 깊은 점 하나는 그가 수백만 명의 미국 유권자뿐만 아니라 수많은 정부 관료에게도 역정보를 이용했다는 것이다. 두 번이나 탄핵소추가 되고 임기도 한 번밖에 치루지 못한 현대 미국 정치 역사상 최악의 패배자였음에도[37] 트럼프는 여전히 공화당 내의 의제를 손에 쥐고 있다. 그리고 앞으로 다가올 선거에서 승리하는 가장 좋은 방법이 유권자에게 호소하는 것이 아니라 선거법을 바꾸는 것(또한 1월 6일 폭동 사태 수사를 막는 것)이라고 공화당 의원 다수를 설득했다. 그래야 다음에 굳이 폭동을 일으키지 않고도 권력을 공고히 할 수 있다는 것이다.

2020년도 대선 이후로 19개 주의 입법자들은 민주당 지지층의 투표를 더 어렵게 만들겠다는 의도가 뻔히 보이는 유권자 억압 법안을 통과시켰다.[38] 더 불길한 점으로 일부 주에서는 선거 결과에 의문을 제기할 충분한 근거가 있다고 느끼면 선거인단을 교체할 수 있도록 입법자에게 권한을 부여하는 법안을 마련했다. 2022년 중간 선거에서는 대선 부정론자 291명이 주 정부와 연방 정부에 출마했다. 물론 카리 레이크Kari Lake나 더그 마스트리아노Doug Mastriano 같은 이름 있는 후보자들 대다수는 애리조나, 미시간, 네바다, 펜실베이니아, 위스콘신과 같은 경합 주의 주지사, 국무장관, 법무장관 선거에서 패배했다(그 덕분에 주 정부 차원에서는 2024년도 대선 결과를 확정할 때 큰 문제가 생기지 않을 것으로 보인다).

그럼에도 뼈아픈 사실은 291명의 부정론자 중 179명이 경선에서 승리했고 그중 175명은 미 하원에 들어갔다는 점이다. 이는 1월 6일 국회의사당 폭동 사태 직후 선거인단 투표 결과에 불복 표를 던진 공화당원(139명)이 그 몸집을 더 불리게 될 것이라는 의미다.[39] 무려 60개가 넘는 법원이 대선 결과가 거짓이고 불법이라는 트럼프의 주장을 고려할 만한 가치가 없다고 일축했음에도 충성스러운 지지층은 전혀 영향을 받지 않은 듯하다. 트럼프의 대담한 거짓말은 자신뿐만 아니라 공화당 의원들에게도 동아줄 역할을 하고 있다. 미국 민주주의 몰락의 서막이 될지도 모르는 트럼프의 권력 장악 계획에 정당성을 부여해주기 때문이다.

그토록 많은 공화당 관료들이 트럼프의 요구에 얼마나 쉽게 넘어갔는지 지켜보고 있자니 실로 충격적이다. 정말 뜻을 같이해서 따르는 것이든 단지 사리사욕을 채우기 위해 따르는 것이든 중요하지 않다. 어쨌든 진실은 그들이 트럼프를 따르고 있다는 점이다. 트럼프가 공직에서 물러난 뒤에도 트럼프의 프로파간다 프로젝트는 공화당 기득권층 모두의 가치로 자리를 잡았다. 그들은 진실을 상대로 한 트럼프의 전쟁을 계속 이어받는 게 자신들에게도 최선의 이익이 된다고 믿는 듯하다. 과거 담배회사와 석유 회사의 임원들이 그랬듯 결국 그들도 진실 도살자가 되고 말았다.

진실 도살자 중의 도살자 블라디미르 푸틴은 분명 어디선가 미소를 짓고 있을 것이다. 2021년에 피오나 힐Fiona Hill은 《포린 어페어스Foreign Affairs》에 실린 “러시아의 기이한 승리The Kremlin's Strange Victory”라는 기사를 통해 미국이 맞이한 상황이 러시아에는 궁극의 승리나 다름없다고 주장했다.[40] 단지 미국이 러시아를 제멋대로 하도록 내버려두었기 때문이 아니라 미국조차 러시아랑 똑같아졌기 때문이다.

4장

역정보를 퍼뜨리는 자

"어떤 사람은 비가 오는 중이라고 말하는데
또 어떤 사람은 비가 한 방울도 안 온다고 말한다면,
당신이 할 일은 두 사람의 말을 전부 인용하는 게 아니라
빌어먹을 창밖을 내다보고 어느 말이 진실인지 알아내는 것이다."

소수 역정보 증폭자의 영향력

선동가의 메시지를 퍼뜨릴 수단이 없다면 역정보는 힘을 잃는다. 그러나 약간만 증폭시킬 수 있어도 그 영향은 파괴적인 수준에 이른다. 미국 디지털혐오방지센터Center for Countering Digital Hate에서 발표한 2021년도 보고서에 따르면 트위터에 올라온 백신 반대 선동 게시물 중 65퍼센트는 고작 12명이 작성한 게시물이었다.[1] 페이스북 역시 내부 조사를 거친 결과 전체 계정 중 단 111개 계정이 백신 접종을 반대하는 허위 정보의 절반을 퍼뜨렸음을 밝혀냈다.[2] 이처럼 작은 숫자들을 보면 의욕 넘치는 사람 몇 명이 얼마나 막대한 피해를 입힐 수 있는지, 거짓말쟁이가 확성기를 손에 쥐면 역정보가 어디까지 뻗어나가는지 또렷이 확인할 수 있다.

실제로 때로는 나쁜 정보를 퍼뜨린 책임이 있는 사람을 한 손으로 셀 수도 있다. 루퍼트 머독Rupert Murdoch과 그의 거대 미디어 제국을 생각해보자. 그 때문에 정부 둘이 무너졌고 미국 민주주의가 불안정해졌다고 평가하는 사람들이 많다.[3] 2012년에는 페어레이디킨슨 대학교Fairleigh Dickinson University의 연구진이 '폭스뉴스 효과Fox News Effect'를 발견했다. 폭스의 지극히 당파적이고 편향적인 '뉴스' 보도를 정기적으로 시청하는 사람들이 전혀 뉴스를 보지 않은 사람들보다 정보를 더 적게 알고 있는 현상이었다.[4] 게다가 많은 이들은 폭스 채널이 시청자들이 절대 빠져나오지 못하는 뉴스 사일로를 구축함으로써 지난 여러 해 동안 미국 유권자 사이에 극심한 양극화를 일으킨 주범이라고 느낀다. 2020년에 퓨리서치Pew Research가 실시한 조사에 따르면 공화당 지지자 중 65퍼센트가 가장 신뢰하는 뉴스 채널로 폭스뉴스를 택했다. 혹시 조금이라도 신뢰하는 뉴스 채널이 또 없냐는 질문에는 민주당 지지자들에 비해 훨씬 적은 수의 뉴스 채널

을 꼽는 것으로 나타났다.[5]

폭스 채널이 내보내는 정보가 단지 당파적인 수준에서 그친다면 그리 걱정할 일이 아니다. 하지만 안타깝게도 최근 몇 년 동안 폭스가 《러시아 투데이Russia Today》처럼 러시아 정부의 후원과 통제를 받는 뉴스 출처에서 나온 기사를 그대로 보도하기 시작했다는 증거가 점점 드러나는 중이다.

저널리스트 브라이언 스텔터Brian Stelter의 저서 《속임수Hoax》(국내 미번역)를 보면 민주당전국위원회Democratic National Committee 직원 세스 리치Seth Rich 살해 사건에 관해 2016년 러시아가 꾸며낸 음모론이 어쩌다 인기 아침 프로그램 〈폭스 앤드 프렌즈Fox and Friends〉에서까지 흘러나오게 되었는지를 알 수 있다. 간단히 말하자면 (폭스 뉴스 직원이 나중에 소송 중에 밝혔듯) 그 음모론이 '트럼프 대통령의 입장을 지지'했기 때문이다.[6] 지금이야 러시아 공작 행위의 결과임이 밝혀졌지만 션 해너티Sean Hannity를 비롯한 폭스 채널 진행자들이 2016년도 대선 운동 기간에 '위키리크스WikiLeaks' 문건을 광범위하게 다룬 일 역시 빠뜨릴 수 없는 문제다.[7] 게다가 최근에는 폭스 채널의 가장 인기 많은 진행자 터커 칼슨Tucker Carlson이 우크라이나와의 전쟁에서 유리한 위치를 점하기 위해 푸틴이 퍼뜨리는 프로파간다에 힘을 실어주고 있다.[8] 걱정스럽게도 칼슨이 진행하는 프로그램은 때때로 러시아의 국영 텔레비전 채널을 통해 재방송되기도 한다.[9]

역정보의 확산은 특히 한쪽 이야기만 듣는 이들에게 심각한 해를 미칠 수 있다. 여기에다가 (1월 6일 폭동 사태에 관한 거짓말을 포함해) 트럼프의 대담한 거짓말을 퍼뜨리기 위해 로비, 영화, 집회, 행사 등에 사용되는 어두운 돈까지 합쳐놓고 보면 고작 몇 명의 개인이 역정보를 퍼뜨리는 데 얼마나 중대한 역할을 할 수 있는지도 납득이 된다.[10] 제인 메이어Jane Mayer가 2021년에 보도한 기사 "큰 거짓말 이면에 숨은 큰 돈The Big Money behind the Big Lie"에서는 브래들리 재단Bradley Foundation, 터닝포인트USATurning Point USA, 트루더보트True the Vote, 헤리티지 재단Heritage Foundation, 연방주의자협회Federalist Society 같은 보수 이익단체로부터 흘러 나오는 돈이 마치 담배 회사와 석유 회사가 자금을 통해 과학 부정론을 후원했던 것처럼 대선 부정론을 후원하고 있음을 증거를 통해 뒷받침한다.[11] 제인 메이어는 수십 건의 반민주적 '선거 진실성' 프로젝트 및 소송, 대선 결과 불복 표를 던진 보수 후보들에게 들어가는 후원, 애리조나주 재검표 비용 등에 사용된 수백만 달러 자금의 출처를 철저히 조사했다. 메이어는 미국 상원의원 셸던 화이트하우스Sheldon Whitehouse의 말을 인용해 이렇게 말한다. "이건 소수의 억만장자 엘리트가 진행 중인 거대한 비밀 작전이나 다름없다. 자금을 사실상 무제한 보유한 강력한 이익집단들이 미국인에게 주어진 가장 값진 선물, 즉 투표권을 침해하려 나서고 있다."

레거시 미디어의 문제점

그렇다고 나머지 주류 언론이 이 문제에서 자유로운 건 아니다. 전통 뉴스 채널들은 고의로 역정보를 만들거나 퍼뜨리지는 않더라도 때때로 갈등, 실패, 혼란 서사를 끌어내기 위해 가장 선정적인 부분만 골라 굳이 과장된 기사를 내보내곤 한다. 이는 양극화를 심화시키고 과몰입을 유발할 수 있다. 칼럼니스트 제니퍼 루빈Jennifer Rubin 은 2022년 《워싱턴 포스트》에 실린 사설에서 이렇게 밝힌다.

> 우리 모두는 언론이 도덕적 함의나 실질적 정책 내용은 빼먹은 채 정치판을 스포츠 경기처럼 다루는 데 너무나 익숙하다. 이건 누구한테 유리할까? 바이든은 어쩌다 실패한 걸까? 공화당 의원들은 머리가 없나? 이런 식의 프레임은 진지하지도 계몽적이지도 않으며 전 세계적으로 위태로워진 민주주의적 대의를 지키는 데 아무런 도움이 되지 않는다.[12]

폭스뉴스, OANN, 뉴스맥스Newsmax처럼 속이 뻔히 보이는 프로파간다 매체랑 동급으로 묶을 수는 없겠지만 CNN이나 MSNBC 같은 주요 뉴스 매체 역시 진실을 말하기에는 그에 상충되는 이해관계에 얽혀 있을 때가 종종 있다. 다큐멘터리 영화 〈고장 난 미디어Broken Media〉에서 MSNBC 황금시간대 앵커 크리스 헤이스Chris Hayes는 아무리 좋은 의도를 가진 방송사나 기자일지라도 필연적으로 '확증 편향' 문제에 직면할 수밖에 없다며 이렇게 말한다.

> 모든 언론 매체는 서사를 구축합니다. 문제는 중심 서사를 위해 복잡성이나 진실성을 희생할 때가 있다는 거죠. 정말 위험한 일이지만 늘 일어나는 일입니다. 우리가 하려는 이야기의 서사적 추진력에 힘이 빠질까 봐 관련 사실을 생략하는 거예요.[13]

헤이스는 또한 이런 유형의 편향성이 인간의 뇌 깊숙이 내재된 것으로 보인다고 지적한다. 우리 인류는 '좋아하는 정보를 찾고, 싫어하는 정보를 무시하는 부족 시대의 본능'을 가지고 있기 때문이다. 문제는 뉴스 방송사들이 그런 사실을 핑계 삼아 사람들의 편향성을 이용해 뉴스 보도를 전개한다는 점이다. 때로는 시청자들이 보고 있는 게 사실 전달 프로그램인지 의견 교환 프로그램인지 헷갈리게 만든다. 혹자는 MSNBC가 "폭스만큼 나쁘지는 않다"며 MSNBC를 변호할지도 모른다. 오직 확증 편향에만 관여할 뿐 사실을 꾸며내지는 않는다는 것이다. 하지만 편향의 불가피성을 그처럼 쉽게 용인하다가는 선동가의 손에 놀아나기 딱 좋다. 애초에 선동가의 목표가 '모든 인간이 편향되어 있으므로 진실이 존재할 수 없다'는 사상을 퍼뜨리는 것이기 때문이다. 물론 그런 사상은 '진실을 말하고, 진실 전부를 말하며, 오직 진실만을 말하는' 법정 기준에 한참 못 미치는 생각이다. 하지만 언론 윤리 역시 그만큼 높다는 사실을 잊어서는 안 된다.

뉴스 매체의 가장 중대한 의무는 진실을 말하는 것이다. 물론 이런 이상이 정치적 편향을 보인다는 비난을 받지 않으려는 기자의 욕망과 충돌할 때도 있다. 만약 진실이 유독 한쪽 편에만 치우쳐 있다면 양극화된 시청자 입장에서는 그것을 보도하는 사람이 객관적이지 않다는 느낌을 받을 것이다. 이때 뉴스의 입장에서 가장 손쉬운 해결책은 '양쪽 이야기를 모두 말하는' 대응으로 일관하는 것이다.

하지만 역정보가 가득한 환경에서 이는 사실 문제를 보도하는 최악의 방법이다. 거짓에 산소를 제공할 뿐만 아니라 진실이 양쪽 의견 중간 어딘가에 있다는 암시를 전달하기 때문이다. 객관성이나 중립성을 지키겠다고 진실과 거짓 사이에서 무관심한 척할 필요는 없다. 진실이 편파적으로 보일 수 있다고 진실을 옹호하지 않는 것은 그 자체로 편파성에 굴복하는 것이다.

다행히도 차세대 기자를 양성하는 언론학과 교수들도 때때로 이 점을 명확히 밝힌다. 일례로 어느 학생이 기억하는 바에 따르면 셰필드 대학교The University of Sheffield의 언론학 교수 조너선 포스터Jonathan Foster는 이렇게 따끔한 교훈을 남긴 적이 있다. "어떤 사람은 비가 오는 중이라고 말하는데 또 어떤 사람은 비가 한 방울도 안 온다고 말한다면, 당신이 할 일은 두 사람의 말을 전부 인용하는 게 아니라 빌어먹을 창밖을 내다보고 어느 말이 진실인지 알아내는 것이다."[14]

저널리스트라면 정치적으로 편향된 문제를 인위적인 이분법으로 나누거나 시청자들이 편향성을 인식하지 못하게 기사를 조작하는 대신 훨씬 더 높은 보도 표준을 고수해야 한다. 거짓 등가성에 현혹되지 말고 거짓말쟁이에게 마이크를 내어주지 않으며 '진실 샌드위치truth sandwich(허위 정보가 의도치 않게 퍼지는 일이 없도록 보도의 처음과 끝에 진실을 명확히 언급하는 기법—옮긴이)' 속에서만 역정보를 보도하고 정치 편향보다 위험할 수 있는 '정보 편향information bias(보도를 들은 뒤 오히려 처음보다 정보를 덜 정확히 알게 되는 상황)' 문제를 일반 대중보다 더 심각하게 받아들여야 한다.[15] MSNBC 같은 매체가 설령 폭스뉴스만큼 나쁘지는 않을지라도 본인 서사에 맞는 사실만 선별적으로 내보내다가 큰 그림을 놓치게 된다면 그 역시 진실을 존중하는 태도는 아니다. 예컨대 CNN과 MSNBC는 트럼프가 벌이는 진실 전쟁에 관해 수천 시간이나 보도했으면서도 어째서 트럼프의 거짓말을 오정보가 아닌 역정보로 언급하는 사소한 시도조차 해보지 않았을까?[16]

마샤 게센Masha Gessen이 《독재의 생존Surviving Autocracy》(국내 미출간)에서 주장하듯, 언론은 공화당의 대선 부정론을 단순한 정치적 논쟁의 일환으로 묘사하는 것을 멈춰야 한다. 이제 기자들은 트럼프와 그의 지지자들을 적국의 독재 정권을 대하듯 하는 법을 익혀야 한다. 게센은 2020년에 《뉴욕타임스》가 트럼프를 거짓말쟁이라고 불러도 되는지를 두고 벌인 소동에 대해 이렇게 말한다. "현실 전쟁에서 편을 선택하지 않는 것이 가능하기라도

한 것처럼 행동함으로써 《뉴욕타임스》를 비롯한 미국 주류 언론은 마지못해, 그러나 절대 모르지는 않은 채로 (도널드 트럼프) 대통령의 공범이 되었다."[17] 《디애틀랜틱》과 《뉴욕타임스》를 비롯한 여러 매체에 기고한 경험이 있는 러시아계 미국인 기자 줄리아 이오페Julia Ioffe는 2022년에 트위터를 통해 훨씬 더 날카로운 비판을 가했다. "트럼프의 대통령직 수행 능력에 대해 제대로 다룰 준비가 된 사람은 독재 정권이 어떤 식으로 작동하는지 알고 있는 사람들뿐이었다. 정치를 야구 경기와 브로드웨이 뮤지컬 사이의 무언가로 취급하는 워싱턴의 주류 언론들은 한심할 정도로 준비가 되어 있지 않았다."[18]

주류 언론 역시 진실 도살자가 될 수 있다. 아니면 적어도 죽어가는 진실에 도움을 베풀기를 거부하는 방관자가 될 수 있다. 트럼프가 대통령직에서 물러난 뒤에도 트럼프의 대리인들은 그의 역정보를 퍼뜨리기 위해 수많은 일요일 아침 뉴스 프로그램에 꾸준히 모습을 비추는 중이다. 전 CNN 앵커 솔리다드 오브라이언Soledad O'Brien은 이런 관행을 비판하면서 역정보에 맞서 싸우는 가장 단순한 방법 하나가 거짓말쟁이를 프로그램에 출연시키

지 않는 것이라고 일갈했다.[19]

한편 일부 방송사는 민주당을 지지하는 것처럼 보이지 않는 게 이익이 된다는 판단하에 바이든 정부 내에 벌어지는 실패와 혼란을 과장되게 다룸으로써 진실을 향한 적의를 드러냈다. 페리 베이컨 주니어Perry Bacon Jr.의 사설 "미디어 보도가 바이든 정부를 어떻게 정치적 수렁에 빠뜨렸는가How Media Reporting Drove Biden's Political Plunge"에서도 지난 여러 해 동안 트럼프에 대한 부정적인 보도를 연달아 내보낸 결과 이제 많은 언론사가 좌편향적이라는 비난을 피하기 위해 바이든에게 불리한 기삿거리를 찾는 중이라고 주장한다.[20] 그런데 마침 바이든이 다소 의아한 방식으로 아프가니스탄에서 군대를 철수시킨 사실이 눈에 들어왔다. 이렇듯 어떻게든 부정적인 정보를 찾아 아무리 사소한 정보라도 크게 부풀려서 보도하는 보여주기식 객관성은 바이든의 실책이 트럼프의 실책과 동등한 것처럼 보이게 하는 진실 왜곡 효과를 낳았다. 1월 6일 사태 청문회에서 트럼프의 부패 및 범죄 행각을 입증하는 증거가 끊임없이 쏟아져 나오던 와중에도 언론사는 2022년 여름 내내 인플레이션과 높은 기름값 문제만 다뤘다. 전 세계적인 현상인 데에다가 바이든 행정부의 특정 정책 실패와 연관 지을 수도 없는 문제인데도 말이다. 이로 인해 여론조사 결과 바이든의 지지율은 취임 후 16퍼센트포인트 하락해 2022년 7월 기준 39퍼센트로 떨어졌다. 이는 2020년 7월에 조사한 트럼프의 지지율과 비슷한 수치였다. 참고로 2020년 7월은 코로나19로 인한 미국인 사망자가 2만 5,000명으로 최고치를 기록하고 19개 주에서 환자가 두 배로 늘던 때다.[21] 결국 주류 언론은 진정한 객관성을 위해서가 아니라 편파적이라는 비난을 피하기 위해 그저 '양쪽 진영'의 입장을 기계적으로 양분해 다룬 것이다.

언론사의 이기심을 측정하는 또 다른 중요한 척도는 바로 시청률이다. 폭스뉴스는 물론 CNN을 비롯한 여타 주요 방송사가 분 단위로 시청률을 기록한다는 사실은 생각보다 잘 알려져 있지 않다.[22] 만약 어떤 기사가 시청자 입장에서 그리 매력적이지 않다면 보도에도 영향이 갈 수 있다. 심지어 '객관적'이라는 뉴스 매체조차 때로는 기사의 질보다 시청자의 관심을 우선시할 수 있다. 양극화된 소재나 '경마'처럼 아슬아슬한 경쟁 구도는 시청률에도 수익에도 득이 된다. 그런 의미에서 생각하면 3대 케이블 뉴스 채널 경영진은 매년 선거가 있기를 바라지 않을까 싶다.

역정보의 방관자, 소셜미디어

한편 이 과정에서 소셜미디어가 맡은 역할도 있다.

오정보와 역정보를 인터넷에 퍼뜨리는 데 있어서 페이스북(인스타그램 포함), 트위터, 유튜브가 맡은 역할이 얼마나 중요한지는 논쟁의 여지가 없다. 전 세계인이 가장 많이 방문하는 웹사이트 다섯 개 중 세 개인데 중요하지 않을 수 있을까? 하지만 단지 그런 사이트에 얼마나 많은 허위 정보가 있는지에만 초점을 맞춰서는 안 된다. 그게 대중에게 어떤 해를 끼쳤으며 기업은 이를 방지하기 위해 어떤 노력을 하고 있는지를 함께 살펴보아야 한다.

수많은 항의에도 불구하고 소셜미디어 기업들은 허위 정보를 단속하는 데 소극적이다. 그러면서 자기들이 조처를 취한 일에만 관심을 가져주기를 바란다. 문제의 심각성에 비하면 미미한 조처에 불과한데도 말이다. 물론 2020년에 유튜브가 선거와 관련된 잘못된 정보를 단속하겠다고 결정함으로써 페이스북과 트위터에까지 선순환이 이어진 것은 좋은 일이었다.[23] 페이스북과 트위터가 2020년에 선거나 코로나와 관련된 잘못된 정보에 한해 콘텐츠 경고 기능을 더욱 진지하게 제공하기 시작한 것도 잘한 일이다. 하지만 이를 지켜보고 있자면 대체 왜 이 기업들은 다른 주제에 관한 오정보와 역정보에는 적극적인 조처를 취하지 않는 것인지 의문이 든다.[24] 물론 개발진은 이런 추궁에 발끈할 것이다. 그들은 자신들이 지금까지 정지시킨 계정 수와 삭제한 메시지 수를 강조할 뿐이다. 하지만 이는 엑손모빌Exxon Mobil을 비롯한 석유 회사들이 내보내던 '그린워싱greenwashing(친환경적인 척 위장하는 전략—옮긴이)' 광고를 떠올리게 한다. 그들은 조류나 그 밖의 대안 물질을 이용한 연료를 연구 중이라고 공언했지만 사실 친환경 연구에는 전체 연구 예산의 1퍼센트도 채 쓰고 있지 않았다.[25] 기업들은 대개 눈에 띄는 수치만 보고할 뿐 그 비중이 얼마인지는 숨긴다.

어쨌든 실상은 대부분의 소셜미디어 기업이 허위 정보를 제대로 단속하지 않는다는 것이다. 아마 재정적으로 이익이 되지 않기 때문일 것이다.[26] 2016년에 마크 저커버그Mark Zuckerberg는 페이스북에 올라온 오정보가 트럼프의 대선 승리에 도움이 됐을수도 있다는 생각이 '말도 안 되는 생각'이라고 말했다. 하지만 2017년에 그는 1억 5,000만 명 이상이 선거 전에 러시아 측의 프로파간다 게시물을 보았다고 시인했다.[27] 그때 이후로도 페이스북은 얼마나 많은 사람들이 허위 정보가 담긴 게시물을 보거나 공유했는지는 공개하지 않은 채 그저 13억 개의 가짜 계정을 닫았다거나 1,800만 개의 허위 정보 게시물을 삭제했다는 자랑만 지겹도록 늘어놓고 있다.[28] 하지만 그들이 놓친 계정이나 게시물은 그보다 훨씬 더 많은 수일 것이다. 물론 저커버그가 2021년에 내놓은 성명문에 따르면 페이스북은 2016년 이후로 '안전과 보안'을 목적으로 130억 달러를 투자했으며 잘못된 정보를 선별하고 삭제하기 위해 4만 명의 직원을 고용했다. 하지만 문제의 규모와 이 문제가 미국뿐 아니라 전 세계 민주주의에 미칠 수 있는 끔찍한 영향을 생각해보면 그 정도 노력이 절

대 충분하다고 할 수는 없다.[29]

그렇다면 과연 페이스북 같은 소셜미디어 기업이 자사의 플랫폼에 올라오는 역정보에 맞서 싸우기 위해 할 수 있는 일이 더 있을까? 그럴 의지만 있다면 물론이다. 이들은 이미 다른 혐오스러운 콘텐츠를 관리하는 데는 그만한 노력을 기울이고 있기 때문이다. 한 번 생각해보자. 페이스북에서 포르노, 자살, 참수, 테러 게시물을 마지막으로 본 게 언제였나? 아마 기억도 안 날 것이다. 그런 콘텐츠를 단속하는 팀을 고용해 뉴스피드에 올라올 일이 없도록 만들기 때문이다. 이러한 콘텐츠에 대해서는 그들이 충분한 의지를 가지고 주의를 기울이고 있다는 것이다. 이는 아마 그렇게 하지 않았다가는 기업의 수익에 해가 될 가능성이 있기 때문일 것이다.[30] 그렇다면 역정보에 대해서도 똑같은 조처를 취할 수는 없을까? 이 역시 의지만 있다면 얼마든지 가능할 일이다.

2021년 《월스트리트 저널》은 「페이스북 파일The Facebook Files」이라는 연재기사에서 페이스북이 무엇을 신경 쓰고 무엇을 신경 쓰지 않는지를 까발렸다. 전직 페이스북 직원이자 내부고발자인 프랜시스 하우건Frances

Haugen이 유출한 문서 덕분에 가능했던 일이다.[31] 뒤이어 진행된 의회 청문회에서 하우건은 페이스북 측이 사회에 해를 끼치고 있다는 사실(인스타그램이 10대 소녀들의 자존감을 무너뜨리고 자해 생각을 부추긴다는 사실, 페이스북 알고리즘이 사용자들을 계속해서 붙들어 두기 위해 자극적인 콘텐츠를 끊임없이 홍보함으로써 유권자 사이의 양극화를 부추긴다는 사실 등)을 알고 있으면서도 이를 막으려는 노력을 거의 하지 않는다고 증언했다. 쉬라 프렌켈Sheera Frenkel과 세실리아 강Cecilia Kang 역시 2021년도 저서 《추악한 진실An Ugly Truth》(국내 미출간)을 통해 페이스북의 고위 임원들이 순전히 이익을 추구하는 방향으로만 의사결정을 내린 탓에 설령 혐오 발언, 거짓말, 허위 정보를 부추기는 등의 문제가 있더라도 수익을 위해 회사의 해악을 은폐하는 쪽을 택했다고 설명한다.[32]

여기서 짚고 넘어가야 할 점은 폭스, 브라이트바트Breitbart, 뉴스맥스, OANN 같은 당파적인 언론 매체와 달리 페이스북, 트위터, 유튜브 같은 소셜미디어 회사가 고의적으로 역정보를 퍼뜨리는 것은 아니라는 점이다. 일론 머스크Elon Musk가 논란 속에서 트위터를 인수해 콘텐츠 제재 기준을 확 낮추는 결과를 초래한 뒤로도 트위터가 고의적으로 역정보를 확산시켰다는 증거는 나오지 않았다. 하지만 고의든 아니든 소셜미디어 회사의 방관과 무관심은 심각한 해악을 초래할 수 있다. 회사 입장에서는 정보 공유를 용이하게 했을 뿐 허위 정보를 공유하는 주체는 사용자라고 변명하겠지만 그렇다고 문제가 달라지는 것은 아니다. 게다가 하우건의 증언을 신뢰한다면 페이스북의 일부 행동은 실제로 고의적이거나 최소한 '고의적 무지willful ignorance' 단계를 넘어서는 것으로 보인다. 페이스북은 사용자 유입에만 초점을 두면 혐오, 양극화, 폭력을 조장할 수 있음을 알고 있다. 그렇기에 2016년도 대선 당시 자사 플랫폼에 퍼진 가짜뉴스 소동이 다시 반복되지 않기를 바라면서 2020년도 대선 직전에 알고리즘을 수정한 것이다. 하지만 선거가 끝난 직후 원상복귀를 하고 말았고, 그 결과가 1월 6일 폭동 사태였다.[33]

역정보를 확산시키는 알고리즘

소셜미디어에서 발생하는 역정보 확산은 대개 기술적인 차원에서 부지불식간에 발생한다. 말 그대로 인간이 아니라 컴퓨터 알고리즘이 머신러닝 기법을 통해 개인의 선호를 파악하고 그에 맞춰 정보를 내주기 때문이다. 만약 새끼 오리와 함께 노는 개의 영상을 보고 좋아한다면 그와 유사한 영상을 반복해서 접하게 될 것이다. 마찬가지로 민주당 지도부가 소아성애자 집단이라고 주장하는 콘텐츠를 보았다면 역시 그와 유사한 콘텐츠를 더 많이 접하게 될 것이다. 비록 소셜미디어 알고리즘을 인간이 만들었다고 해도 알고리즘은 너무나 빠르게 끊임없이 작동하기 때문에 실제로는 독립된 생명체처럼 움직인다. 따라서 무언가 잘못되었음을 뒤늦게 알아차릴 때까지 조용히 상황을 악화시킬 수도 있다. 그 가슴 아픈 사례가 2017년에 발생했다.

당시 페이스북에 퍼진 오정보와 혐오 발언은 인도에서 자살 폭탄 테러와 처형식을 촉발했으며 이는 미얀마의 로힝야족 집단학살로까지 번졌다.[34] 일부 로힝야족 난민이 1,500억 달러 규모의 소송을 제기하자• 페이스북은 미얀마 같은 나라에서 '각 나라 언어 및 주제 전문가'를 더 많이 고용하겠다고 공언하는 식으로 대응했다.[35]

분명 페이스북에 오정보나 역정보가 나타날 때마다 두더지잡기식으로 즉흥적으로 대응하는 것은 해결책이 될 수 없다. 더 큰 관심을 가져야 할 지점은 인간 직원이 문제를 인식하기도 전에 프로파간다를 퍼뜨리는 소셜미디어의 알고리즘 행동 패턴을 예측하고 저지할 방법을 알아내는 것이다. 페이스북 개발자 중 몇 명이나 이 작업을 하고 있는지는 알 수 없다. 알고리즘 관련 정보는 회사 외부의 사람에게는 절대 기밀이기 때문이다.

• 로힝야족은 미얀마 서부 라카인주에 주로 거주하는 소수 민족으로 과거부터 불교 국가인 미얀마에서 이슬람교를 믿으며 종교적 탄압을 받아왔다. 2016년 10월 로힝야의 분리주의 반군이 미얀마 군을 공격해 미얀마 경비대원 아홉 명 및 군인들이 사망한 것을 빌미로 미얀마 군이 불교 극단주의자들을 동원해 대대적인 로힝야족 탄압을 시작했다. 이 과정에서 즉결 처분, 폭행, 집단 강간 등이 발생했으며, 2017년 8월에는 이슬람 분리주의 무장단체인 아라칸 로힝야 구원군(ARSA) 소탕 작전을 빌미로 수천 명의 로힝야족을 죽이고 마을을 불태웠다. 이로 인해 수십만 명의 난민이 발생했으며 미국과 영국 등으로 옮긴 로힝야 난민들은 페이스북(메타)이 '박해받는 소수자에 대한 폭력을 조장했다'며 1,500억 달러(약 200조 원)의 보상을 요구하는 소송을 제기했다.

《컬럼비아 저널리즘 리뷰Columbia Journalism Review》에 실린 2021년도 논문에서 매튜 잉그램Mathew Ingram은 소셜미디어 알고리즘에 의한 역정보 확산 문제에 대해 이렇게 썼다. "알고리즘 자체는 물론 알고리즘이 소셜미디어 피드에 띄우기 위해 참고하는 입력값 역시 불투명하다. 이는 회사의 선임 개발자들이나 '컴퓨터 기반 프로파간다'에 특화된 악인들에게만 알려져 있다."[36] 설령 인간이 실제로 의도한 바는 아닐지라도 사실상 소셜미디어에 사용되는 모든 자동화된 알고리즘은 허위 정보와 선동을 퍼뜨리는 데 최적화되어 있는 것처럼 보인다. 애초에 소셜미디어에 머무는 시간과 클릭하는 횟수를 최대화하는 방향으로 설계되었기 때문이다.

알고리즘은 진실이 아니라 수익을 촉진하도록 만들어진다. 그럼에도 불구하고 소셜미디어 회사 임원진이 이 모든 문제가 (인간의 의도가 들어가지는 않았다는 점에서) 100퍼센트 부지불식간에 일어나는 문제이며, 따라서 해결하려는 노력만으로도 그 공을 인정받아야 한다고 주장한다면 그건 정직한 태도가 아니다. 저커버그도 이렇게 쓴 적이 있다. "유해 콘텐츠에 맞서 싸우는 데 관심이 없다면 우리가 왜 굳이 이 문제를 전담하는 직원을 다른 어떤 회사보다 많이 고용했겠는가?"[37] 하지만 관심은 충분조건이 아니다. 과연 그들은 '충분히' 노력하고 있는가? 페이스북, 트위터, 유튜브가 더 정확한 정보를 제공하기 위해 알고리즘을 수정할 수 있음에도 그렇게 하지 않았다면 그들 역시 적어도 진실 도살자의 종범 정도는 되지 않을까?

일부 소셜미디어 기업 내부자들은 이런 묘사에 거부감을 일으킨다. 심지어 인터넷상에 역정보가 가득하다는 주장조차 부정한다. 어차피 거짓 이야기를 공유하는 사람들은 대부분 그 이야기를 진실이라고 믿고 공유한다는 점에서 역정보가 아니라 오정보라는 말이다. 그런데 그런다고 상황이 나아지나? 그런 허위 정보의 근원이 거짓말이라는 사실은 달라지지 않는다. 악의를 가진 사람들이 거짓인 줄 알면서도 이야기를 꾸며내 퍼뜨린다면 개탄스러운 일임에 틀림없다. 그런데 누군가가 그런 거짓말을 접하고는 편도체 스위치가 켜져서(혹은 단순히 나태나 고의적 무지를 택해서는) 그것을 공유한다면 어떨까? 그런다고 덜 위험할까?

2021년도 8월 18일 《가디언》의 기사 "미국의 백신 반대 문제를 러시아 댓글 부대 탓으로 돌리지 말라Don't Blame Russian Trolls for America's Anti-Vaxx Problem"에서 전직 페이스북 직원 소피 장Sophie Zhang은 대부분의 오정보가 국내 출처를 통해 퍼진다는 점에서 소셜미디어의 역정보가 러시아 책임이라는 생각은 지나치게 과장되었다고 주장한다.[38] 하지만 이게 사실이라 한들 핵심을 놓친 건 매한가지다. 오히려 이런 관점은 오정보에 맞서려는 소셜미디어 기업의 전략이 실패할 수밖에 없는 이유를 적나라하게 보여준다. 설령 역정보가 그것을 진실이라고 믿는 사람들에 의해 '순수한 의도'로 확산된다고 한들 어쨌든 해당 정보는 거짓말이기 때문이다. 거짓말을 꾸며낸 선동가들은 누가 퍼뜨리든 그 정보를 무기화할 것이다. 2,200만 명(2024년 현재 2,800만 명)의 팔로워를 보유한 가수 니키 미나즈Nicki Minaj가 자신의 트위터에 코로나19 백신 접종이 고환 부종과 불임을 유발할 수 있다는 허위 정보를 공유했을 때를 생각해보자. 이런 거짓 주장이 불순한 의도가 없이 공유되었다고 해서 문제가 없는 것은 아니다.[39] 따라서 '순수하지 않은 의도'로 공유되는 허위 정보만 단속(장이 페이스북에 다닐 때 하던 일)하겠다는 페이스북의 노력은 오히려 역효과를 일으킬 것으로 보인다.

혹시 인터넷에 올라오는 대부분의 오정보가 그 정보를 믿는 누군가에 의해 진실하게 공유된 정보라면 차라리 다행이다. 우리가 단속해야 할 대부분의 콘텐츠가 진실 도살자 본인이 퍼뜨린 내용이 아니라는 뜻이기 때문이다. 만약 퍼뜨리는 작업도 거짓말쟁이 본인이 한다면 문제를 해결하기가 얼마나 어려울지 상상해보라. 역정보를 꾸며내기까지 한 사람이 우리가 단속한다고 해서 역정보를 만들거나 퍼뜨리기를 그만두겠나? 하지만 대부분의 잘못된 정보가 자기도 모르는 사이에 공유되는 중이라면 아직 우리에게는 승산이 있다.

역정보, 어떻게 막아야 할까?

역정보를 만들고 퍼뜨리고 믿는 과정에서 퍼뜨리는 단계는 특히 중요한 전환점이다. 역정보를 만드는 자들을 막는 건 불가능할지도 모른다. 역정보를 믿는 단계까지 가게 되면 조처를 취하기에는 너무 늦은 시점이다. 하지만 어쩌면 그 두 지점 사이의 공급망에 벽을 세우는 건 가능할지도 모른다. 만약 우리가 진실 도살자를 막고자 한다면 바로 이 지점에서 막아야 한다는 말이다.

어떻게 막을 수 있을까?

콘텐츠에 경고 메시지를 띄우는 것으로는 충분하지 않다. 가짜 계정을 제거하고 잘못된 정보가 담긴 게시물을 삭제하는 것으로도 충분하지 않다. 여태까지 소셜미디어 회사들이 취한 노력은 한심할 만큼 부족했다. 무엇을 해야 할지 몰랐기 때문이 아니라 역정보를 애써 막아야 할 이유가 거의 없었기 때문이다. 지속적인 외부의 압력이 없다면 대부분의 회사는 문제의 심각성에 비해 턱없이 부족한 조처만을 취할 것이다. 진실 도살자를 막으려면 오정보와 역정보의 확산에 맞서 싸우는 데 그보다 훨씬 더 진지하게 임해야 한다. 그러려면 당파적인 매체든 소셜미디어 매체든 오염된 콘텐츠를 퍼뜨려선 안 된다고 느낄 만한 더 많은 이유를 제공해야 한다. 이에 관해서는 다음의 방법들을 활용할 만하다.

① 공평 원칙의 부활

우선 '공평 원칙Fairness Doctrine'을 부활시키는 게 첫 단계가 될 수 있다. 연방통신위원회Federal Communications Commission는 1949년부터 1987년까지 공평 원칙을 만들어 공공재인 전파를 이용하는 모든 뉴스 매체가 서로 상충되는 견해를 다룰 때 동등한 시간을 제공해야 한다고 지시했다. 이 원칙은 순전히 당파 논리에만 기대는 편집 행위를 미연에 방지했으며 극단주의적인 프로그램을 방송에 내보냈다가는 그를 반박하는 프로그램 역시 똑같이 내보내야 한다는 부담이 있다 보니 어느 정도 균형 잡힌 방송을 하는 데도 도움을 주었다. 하지만 공평 원칙이 폐지되자 곧바로 러시 림보Rush Limbaugh의 라디오 프로그램이 그 자유를 맘껏 누리며 인기를 구가했다. 이와 함께 1996년도에 개국한 폭스뉴스를 비롯한 온갖 편파 방송이 홍수처럼 쏟아져 나왔다.

공평 원칙을 폐지한 핵심 근거 중 하나는 표현의 자유를 침해한다는 생각이었다. 하지만 몇 해 뒤 폐지의 여파가 극명히 드러나면서 공평 원칙을 부활시키자는 요구가 나오기 시작했다. 그럼에도 2008년에 오바마 대통령조차 "전파나 현대적인 소통 창구가 가능한 한 다양한 견해를 전달할 수 있도록 개방하는 게 중요하다"고 강조하며 공평 원칙 부활에 반대했다.[40]

생각에도 자유 시장 논리를 적용한다면 결국 진실이 승리하지 않을까? 실상은 그렇지 않다. 다양한 창구를 통해 표현의 자유를 넓힌다 한들 역정보의 해악을 상쇄하는 건 불가능하다. 어떤 매체도 '공평'할 필요가 없다면 편향된 콘텐츠만 내보내는 뉴스 사일로가 골수 시청자를 확보하는 면에서 훨씬 이익이 되기 때문이다. 지난 10년 동안 확인할 수 있었듯이 사실 정보를 전달함에 있어서 미디어 출처 간의 균형은 미디어 출처 내의 균형과 마찬가지로 역정보를 예방하는 데 별 효과를 발휘하지 못한다. 그렇기에 공평 원칙의 부활이 필요하다.

단, 공평 원칙을 재시행하는 데는 한 가지 주의할 것이 있다.[41] 우선 본래의 공평 원칙은 공중파 방송에 적용되었다는 사실을 기억해야 한다. 개인 구독자의 구독료를 수입으로 삼는 민영 케이블TV 방송사가 대부분의 뉴스 콘텐츠를 내보내는 오늘날 과연 공평 원칙이 적용될 수 있을까? 설령 적용된다 할지라도 의도치 않은 부작용은 늘 나타난다. 예컨대 폭스뉴스가 반대 의견도 똑같은 비중으로 다뤄야 한다고 권고한다면 이를 MSNBC와 CNN에도 똑같이 적용해야 하지 않을까? 그게 거짓 등가성 문제를 더욱 악화시키지는 않을까?

여기서 그나마 위안이 되는 건 공평 원칙이 본래 사실 정보가 아니라 의견 기반의 사설 콘텐츠를 겨냥해 구상되었다는 점이다. 따라서 공평 원칙을 제대로 시행한다면 달로 위성을 쏘아 보낼 때마다 지구평면설 신봉자한테 인터뷰 기회를 주지는 않는 것처럼 기후변화 부정론자나 대선 부정론자에게도 공평한 시간을 제공할 필요는 없을 것이다. 하지만 무엇을 사실로 보고 무엇을 의견으로 볼지 판단하는 것은 또 다른 문제로 남는다.

② 통신품위법 개정

역정보를 막을 유인을 늘리는 두 번째 방법은 제삼자 콘텐츠에서 비롯된 손해배상 책임을 웹사이트 플랫폼으로부터 면제해준다는 통신품위법Communications Decency Act 제230조를 개정하는 것이다. 미국 법률에 따르면 출판사, 잡지사, 신문사 등은 고의로 허위 정보를 실으면 소송을 당할 수 있는 데 반해 소셜미디어 기업에는 면책권이 주어진다. 오늘날 미국인의 70퍼센트 이상이 소셜미디어 플랫폼에서 뉴스를 접하고 있음에도[42] 페이스북이나 트위터 같은 기업은 자기네가 '뉴스 제작자publisher가 아니라 뉴스 제공자aggregator일 뿐'이라고 변호한다. 어쩌면 이제는 소셜미디어 기업 역시 자기네가 미디어 제국(아니면 적어도 제작자)임을 인정해야 하지 않을까? 그렇기에 설령 제삼자가 작성한 게시물이라 할지라도 자사 플랫폼을 통해 확산된 콘텐츠에 책임을 져야 하지 않을까? 행동경제학이 밝혀낸 바에 따르면 인간은 행동을 변화시켜야 한다는 암시와 유인이 제공되기만 한다면 많은 경우 행동을 변화시킨다. 소셜미디어 기업에도 똑같은 논리를 적용할 수 있다. 그들 역시 다른 미디어 매체처럼 역정보를 퍼뜨렸다는 혐의로 고소를 당할 수 있다면 입을 싹 닫을 것이다. 이 책을 쓰는 시점에 미국 대법원은 곤잘레스 대 구글 소송• 중에 정확히 이 문제를 다루기로 동의했다. 여러분이 이 책을 읽을 시점에는 아마 결론이 나 있을 것이다.[43]

③ 거짓 콘텐츠 확산자 단속

세 번째 방법은 소셜미디어 기업들이 법이나 규제에 근거한 유인 없이도 시행할 수 있는 방법이다. 바로 거짓 콘텐츠 자체만이 아니라 그런 콘텐츠를 가장 적극적으로 퍼뜨리는 것으로 파악된 개인을 좀 더 공격적으로 단속하는 것이다. 합동테러대책팀Joint Terroism Task Force 출신 대테러 전문가이자 FBI 분석가 클린트 와츠Clint Watts는 최근 인터뷰에서 역정보에 맞서 싸우는 가장 좋은 방법을 이렇게 소개했다.

• 2015년 프랑스 파리 교환학생이었던 노에미 곤잘레스(Nohemi Gonzalez)가 이슬람국가(IS) 테러로 목숨을 잃자 유족들이 '구글·트위터 등이 IS의 콘텐츠 유통을 방조해, 테러 확산에 도움을 줬다'며 제기한 소송이다. 이들은 IS가 대원을 모집하고 이들이 급진적으로 활동하는 데 SNS와 추천 알고리즘이 핵심 역할을 했다고 주장했는데, 이 소송에 대해 미국 대법원은 2023년 5월 18일 "SNS 알고리즘이 테러리즘 게시물을 확산하는 데 일조했다는 주장에 동의하지 않는다"며 소송을 기각해 소셜미디어 기업의 손을 들어줬다. 이 소송은 소셜미디어의 사회적 책임을 묻는 동시에 미국 통신품위법 230조에 대해서도 문제를 제기한 상징적인 소송이었다. 참고로 1996년 제정된 통신품위법 230조는 '표현의 자유'를 보장하기 위해 생긴 조항이다. 온라인 게시물에 대한 플랫폼 운영자의 법적 책임을 면하는 내용을 담고 있다. 최근 들어 가짜뉴스, 음란물, 테러·폭력 등 유해 콘텐츠가 SNS를 통해 확산되자 이 법의 개정에 대한 목소리도 나오고 있다.

"모든 거짓 콘텐츠를 단속하려 애쓰기보다는 상위 1퍼센트의 역정보 공급자에게 집중하라. 그들이 누구인지 파악한 뒤 최악의 범죄자를 제거하거나 고의로 거짓 콘텐츠를 퍼뜨리는 행위를 제한한다면 사회에 가해지는 해악을 효과적으로 줄일 수 있을 것이다. 우리도 범죄나 테러 같은 문제를 다룰 때 이런 식으로 접근한다. 가장 심각한 문제를 가장 많이 일으키는 인물들에 초점을 맞추는 것이다."[44]

한 연구에서 트위터에 올라온 백신 반대 선동 글 대부분이 '역정보 유포자 12명'에게서 나왔던 걸 기억하는가? 왜 그 12명을 플랫폼에서 아예 몰아내지 않는 걸까?[45] 트위터를 비롯한 몇몇 플랫폼에서 트럼프를 쳐낸 지 불과 일주일 만에 선거 관련 역정보가 73퍼센트나 감소했다는 사실을 생각해보자.[46] 사실 너무 당연한 일이다. 소셜미디어 기업들이 포르노, 참수, 테러 관련 게시물을 칼같이 단속하듯이 주요 역정보 공급자들의 손에서 마이크를 뺏어버린다면 어마어마한 효과를 거둘 수 있을 것이다.

④ 게이트키퍼 기업에 관심 갖기

마지막 방법은 페이스북, 트위터, 유튜브 같은 대형 소셜미디어 플랫폼의 행동뿐만 아니라 그들이 빨대를 꼽고 있는 다른 수많은 인터넷 기업의 행동에도 더 많은 관심을 가지는 것이다. 하버드 대학교 쇼렌스타인 연구소 Shorenstein Center 소장이자 역정보 전문가인 조앤 도노번 Joan Donovan의 설명에 따르면 인터넷 기업들은 층층이 쌓인 케이크처럼 서로 위에 올라앉아 있다. "온라인에서 혐오 발언과 역정보가 퍼지는 이유는 이를 전체 인터넷 생태계가 지원하기 때문이다."[47] 아마존 웹 서비스, 애플 앱스토어, 고대디, 워드프레스, 아카마이, 페이팔, 벤모 같은 기업 없이는 3대 소셜미디어 플랫폼조차 힘을 쓰지 못할 것이다. 그렇다면 웹 호스트, 트래픽 관리자, 콘텐츠 전송망, 금융 서비스 제공자 같은 '게이트키퍼gatekeeper' 기업에도 더 많은 압력을 가하면 되는 것 아닐까?

물론 그중 어떤 조치도 취하기가 꺼려지는 사람들도 있을 것이다. 소셜미디어를 통해 전달되는 말을 규제하는 것은 표현의 자유를 침해하는 것이라고 생각하기 때문이다. 물론 이는 미국 수정헌법 제1조가 개인의 표현의 자유를 정부의 검열 행위로부터 보호하기 위한 것이지 누구든 마음대로 플랫폼에서 내쫓을 권한을 가진 민간 기업으로부터 보호하기 위한 것이 아님을 고려하지 않은 생각이다. 그런 망설임이 어불성설인 또 다른 이유는 표현의 자유를 침해하지 않기 위해 누구나 알 만한 거짓말쟁이에게까지 무슨 짓을 해서라도 자유로운 플랫폼을 제공해야 한다는 말처럼 들리기 때문이다. 마치 KKK 단원들에게 공개집회를 개최할 권한을 주는 동시에 홍보 전단지까지 자원해서 나눠줘야 한다는 주장과 비슷하다.

"수정헌법 제1조는 동반자살 합의문이 아니다The First Amendment Is Not a Suicide Pact"라는 기사에서 잭 스나이더Jack Snyder는 이렇게 말한다.

> 진보주의자에서 시작해 자유주의자를 지나 트럼프를 지지하는 음모론자에 이르기까지 어느 스펙트럼에 속한 미국인이든 수정헌법 제1조가 자기 의견을 공개적으로 말할 권리를 보장할 뿐만 아니라 아무 근거도 논리도 유익도 없는 의견일지라도 전 세계 수억 명의 청중에게 필터를 거치지 않고 즉각적으로 전달할 권리 역시 보장한다고 착각한다.[48]

스나이더의 말처럼 수정헌법 제1조가 역정보까지 보장해야 한다는 생각은 터무니없는 견해다. 스나이더는 그 이유 역시 정확히 밝힌다. 역정보의 확산을 막는 것은 검열과는 다르다. 사람들이 붐비는 극장에서 '불이야!'라는 거짓말을 외쳐서는 안 되는 것처럼 21세기의 '불이야!'에 해당하는 혐오 발언과 역정보 역시 플랫폼에 올리는 데 합리적인 제약이 있어야 한다.

그렇다면 이에 대해 자유 시장 논리를 적용하면 안 되는 걸까? 정보가 자유롭게 흐르도록 내버려두면 진실이 자연스레 수면으로 떠오르지는 않을까? 딱히 그렇지 않다. 위키피디아Wikipedia가 인터넷 트롤과 레커한테서 플랫폼을 되찾기 전까지 어떤 꼴이었는지 떠올려보라.[49] 이제 더 나은 콘텐츠 관리 시스템을 통해 신뢰도를 회복한 위키피디아를 가리켜 '인터넷이 가야 할 길'이라고까지 평가하는 사람들도 있다.[50]

진실이 결국 거짓을 꺾고 우뚝 설 것이라는 전제하에 '그릇된 발언'을 '더 많은 진실된 발언'으로 해결하겠다는 주장은 주먹을 불끈 쥐게 하는 명언처럼 들릴 수는 있지만 늘 맞는 말은 아니다. 오히려 최근의 실증적 연구에 따르면 적어도 과학 관련 역정보에 있어서는 거짓이 우세한 경우가 많으며 일단 역정보를 듣고 나면 일부의 사람들은 이후에 오류를 바로잡는 정보가 제시될지라도 역정보를 그대로 믿는 경향이 있다.[51] 물론 이런 경향성을 완화하기 위해 취할 수 있는 조치들이 있지만 인포데믹 infodemic(잘못된 정보가 전염병처럼 삽시간에 퍼지는 현상—옮긴이) 현상 자체를 막을 길은 없다. 이미 오염된 정보의 흐름에 진실을 섞어 희석시킨다 한들 근본적인 문제를 해결할 수는 없다. 반드시 오염의 근원을 제거해야 한다.

소셜미디어 알고리즘의 투명성 확보

어쩌면 가장 좋은 해결책은 '검열'보다는 투명성을 확보하는 것일지도 모른다. 인터넷을 통한 역정보 확산을 막기 위해 제시된 가장 흥미로운 아이디어 중 하나는 학계 연구자에게 소셜미디어 알고리즘 접근 권한을 허락하는 것이다. 최근 인지과학자 스테판 르완도우스키Stephan Lewandowsky가 제안한 대로 인지과학자들을 비롯한 학계 전문가들이 페이스북이나 트위터의 알고리즘이 사회에 미치는 잠재적 해악을 좀 더 독립적으로 평가할 수 있게 허락하면 안 될까?[52] 그래도 개인 사용자 정보는 보호할 수 있다. 다른 보안 조치도 취할 수 있다. 그럼에도 현재 소셜미디어 알고리즘은 기업들이 꽉 쥔 채 놓아주지 않고 있다. 이로 인해 사회에 미치는 해악의 가능성 역시 오로지 내부고발자가 나타날 때에만 드러난다.[53]

그와 같은 외부 집단의 철저한 조사가 없다면 소셜미디어 기업들이 가장 간단한 해법, 즉 진실을 말하는 방법을 택할 유인이 뭐가 있겠는가? 앞에서 언급한 FBI 분석가 클린트 와츠가 최근 지적했듯이, 소셜미디어 알고리즘이 중요한 정보를 전달하는 데 그토록 능숙하다면 더 많은 진실을 홍보하는 데 그런 능력을 이용할 수도 있지 않을까?[54] 우리가 이해한 바로는 현재 소셜미디어 알고리즘은 사용자가 계속해서 소셜미디어에 머물도록 유도하는 방식으로 설계되어 있으며 이는 의도치 않게 역정보 제공자에게 전략적 이점을 제공한다. 하지만 바로 그 알고리즘을 수정해 사람들이 동일한 플랫폼에서 질이 더 좋고 신뢰할 만한 정보를 얻을 수 있도록 이끌 수 있다면 어떨까?

유튜브에서 백신 반대 영상을 보고 나면 어째서 다음 추천 영상들은 시청자를 더 깊은 심연 속으로 끌고 들어가는 것일까? 알고리즘을 수정해 시청자가 다시 신뢰할 만한 정보 쪽으로 돌아서게 만드는 영상을 추천할 수는 없을까? 물론 기술적으로 가능한 일이다. 그러나 기업 입장에서는 그렇게 할 이유가 없다. 오히려 비즈니스 모델을 망가뜨릴 수도 있을 것이다. 하지만 그러지 않았을 때 남는 선택지가 규제, 강제적 투명성, 독과점 금지 소송 같은 대안뿐이라면 그들도 자발적으로 알고리즘을 수정하는 해결책을 선택할지도 모른다.

이처럼 진실 도살자의 손에서 위험한 도구를 빼앗을 수 있는 수많은 실용적인 단계들이 존재한다. 하지만 우리가 아무 행동도 취하지 않는다면 어떻게 될까? 의회가 제때 이 문제를 파악해서 의미 있는 변화를 이끌어내기만을 기다린다면 어떻게 될까? 2021년에 '알고리즘과 정보 확산—소셜미디어 플랫폼 개발자의 선택이 우리의 담론과 정신을 틀 잡는 방식'이라는 주제로 상원 청문회가 열렸다. 여러 역정보 전문가들은 증언하는 내내 알고리즘 기반의 역정보가 얼마나 심각한 문제를 야기할 수 있는지 잔뜩 흥분해서 이야기한 데 반해 의원들은 역정보 문제를 둘러싼 가장 기본적인 쟁점들조차 제대로 이해하지 못했다.[55] 물론 2006년에 상원의원 테드 스티븐스Ted Stevens가 인터넷을 '일종의 관다발series of tubes'이라고 묘사했던 악명 높은 시절에 비하면[56] 한참 나아졌지만 소셜미디어 기업이 정확히 무슨 일을 하며 거기에 우리의 이해관계가 어떻게 얽혀 있는지에 대해서는 양쪽 진영 모두 여전히 이해가 형편없는 수준이다.

2021년도 청문회를 후원한 상원위원회 의장이자 민주당 상원의원 크리스 쿤스Chris Coons는 소셜미디어가 사용자의 몰입을 유도할 목적으로 알고리즘을 사용하는 방식에 "본질적으로 잘못된 점은 없다"고 말했으며 지금 당장은 의회가 이와 관련해 어떤 입법 계획도 가지고 있지 않음을 분명히 밝혔다.[57] 당시 청문회에 소환된 전문가들이 똑같은 문제를 종말론적 위기가 닥친 것처럼 묘사했던 것과 크게 대조된다.

당시 조앤 도노번은 이렇게 증언했다. "우리나라가 직면한 가장 큰 문제는 대규모 허위 정보 확산 사태다. 아무 조치도 취하지 않을 때 치러야 할 비용은 민주주의의 종말이다."[58]

ON DISINFORMATION

5장

역정보를 믿는 자

역정보를 믿는 자

프로파간다의 핵심은

단지 상대가 허위 정보를 믿게 만드는 것이 아니라

'반대편'에 있는 사람들이 적이라고 느끼게 만드는 것이다.

음모론을 믿는 미국인들

역정보를 만드는 자에서 시작해 그 역겨운 정보를 인터넷과 전파로 퍼뜨리는 자를 지나면 마지막 단계에 역정보를 '믿는 자'가 존재한다. 믿는 자는 선동에 실제로 넘어갔든 넘어가지 않았든 그 역정보를 접한 자를 가리킨다.

슬프게도 인간의 뇌는 알려진 것만 해도 100개가 훌쩍 넘는 인지적 편향을 타고나기 때문에 많은 사람들이 증거도 없는 주장을 믿는다.[1] 3장의 초반에 과학 부정론자가 대부분 동일한 문제적 추론 전략을 따른다고 말했던 것을 기억하는가? 그중 두 번째 전략이 음모론을 퍼뜨리는 것이었다. 부정론자의 믿음의 크기를 측정하는 데 그만큼 확실한 기준이 없다.

아직도 널리 인용되는 에릭 올리버Eric Oliver와 토머스 우드Thomas J. Wood의 2014년도 연구에 따르면 미국인의 50퍼센트는 적어도 하나 이상의 음모론을 믿는다.[2]

미국인의 19퍼센트는 9·11 테러가 미국 내부에서 공모한 일이라고 믿으며, 40퍼센트는 연방약물관리국Federal Drug Admini stration이 고의로 암 치료제를 숨기고 있다고 믿는다. 또한 19퍼센트는 연방 정부가 2008년 경기 침체를 의도적으로 일으켰다고 믿는다. (케네디 암살 음모론은 연구에서 제외해야 했다. 너무 광범위한 인구가 믿고 있는 바람에 결과를 왜곡시킬 수 있기 때문이다. 흥미롭게도 또 다른 유명한 암살 음모론 하나는 러시아의 역정보 공작에서 비롯되었다.)[3]

지금도 상황은 전혀 나아지지 않았다.

미국인 23퍼센트는 여전히 9·11 테러가 미국 내부자 소행이라고 믿고 있으며,[4] 25퍼센트는 코로나바이러스 팬데믹이 계획된 사태라고 믿는다.[5]

또한 미국인의 15퍼센트는 큐어넌QAnon(미국 정치계, 언론계, 금융계가 '세계적인 아동 성매매 조직을 운영하는 사

탄 숭배 소아성애자 집단'에 의해 조종된다고 주장하는 극우 음모론 단체)을 믿는다.[6]

물론 조 바이든이 2020년도 대선 승리를 강탈했다는 트럼프의 대담한 거짓말에 속아 넘어간 미국인도 32퍼센트나 된다.

어떻게 부정론자를 설득할 것인가

이 사람들을 혹시라도 설득할 가능성이 있을까?

신봉자와 대화하는 것은 어떤 의미에서 이미 감염된 환자를 치료하는 것과 비슷하다. 소 잃고 외양간 고치는 격이다. 일단 역정보가 하얀 도화지 같은 사람들 머릿속에 들어가고 나면 너무 늦는 경우가 많다.

하지만 2019년에 필립 슈미트Philipp Schmid와 코넬리아 베치Cornelia Betsch가 발표한 획기적인 연구가 한 줄기 희망을 제시한다. 통계적으로 유의미한 수의 과학 부정론자가 잘못된 믿음을 포기하도록 설득하는 게 가능하다는 실증적인 증거를 처음으로 보인 것이다.[7] 한 가지 방법은 '내용 반박content rebuttal' 기법으로, 전문가가 부정론자가 제시하는 허위 사실을 대놓고 반박하는 방식이다. 마찬가지로 효과적인 또 다른 방법은 '기술 반박technique rebuttal' 기법으로, 이를 통해 누구든 부정론의 추론 방식 다섯 가지에서 허점을 찾는 법을 배울 수 있다. 하지만 이런 과정은 시간이 많이 걸리며 늘 효과가 있는 것도 아니다. 심지어 이 연구에서조차 허위 정보의 영향력이 너무 강력해서 즉각적으로 논박을 해도 끝까지 믿음을 포기하지 않는 사람들이 일정 수 존재했다. 한편, '프리번킹prebunking' 기법에서 더 큰 효과를 본 연구자들도 있었다.[8] 이는 사람들이 오정보나 역정보에 노출되기 전에 미리 적절한 추론 전략을 가르치는 걸 목표로 한다.[9]

하지만 더 좋은 소식이 있다. 《지구가 평평하다고 믿는 사람과 즐겁고 생산적인 대화를 나누는 법》에서 다뤘듯 슈미트와 베치의 연구에 더해 다른 연구에서도 부정론자와 대화할 때 말하는 내용만큼이나 말하는 방식 역시 중요하다는 사실을 발견했기 때문이다. 일단 얼굴을 마주 보고 하는 대화가 가장 효과적이다. 그래야 신뢰가 구축된다. 침착함을 유지하면서 인내, 경청, 공감, 존중이라는 전술을 적극 활용한다면 때로는 백신 반대론자나 기후변화 부정론자는 물론 백인 우월주의자나 사이비 종교 단원마저 설득할 수 있다.[10] 사실, 마음을 바꾼 부정론자 이야기를 들어보면 대부분의 경우 정확히 똑같은 방식으로 설득이 이루어졌다. 그들은 늘 이미 신뢰해왔거나 신뢰하게 된 사람과 개인적인 교류를 나눌 때 생각을 바꿨다. 이게 바로 부정론자와 직접 대화를 나눌 만한 가치가 있는 이유다. 단, 대화는 사실을 공유하는 것만으로 끝나서는 안 된다. 이 사실을 조너선 스위프트Jonathan Swift만큼 잘 표현한 이가 없을 것이다.

"상대가 애초에 논리적으로 납득한 적이 없는 사실을 논리적으로 반박할 수는 없다."

애초에 부정론자의 신념이 사실을 기반으로 형성되지 않았는데 사실 정보를 마구 쑤셔 넣어봐야 무슨 소용이 있을까? 오히려 대부분의 믿음은(심지어 경험적인 믿음마저도) 단순한 사실 이상의 무언가와 관련되어 있다. 믿음은 가치와 관련되어 있으며, 내가 속한 공동체 구성원이 무엇을 믿는가와 관련되어 있다. 부정론자가 부정론을 믿는 가장 중요한 이유는 그것이 불러일으키는 감정 때문이다.

사실을 전달해도 상대에게 닿지 않는 것 같다면 절망적일 수 있다. 하지만 기억하라. 대부분의 부정론은 정체성과 관련되어 있다. 부정론자의 믿음은 그의 생각을 반영할 뿐만 아니라 그가 어떤 사람인지도 반영한다. 따라서 누군가의 믿음을 공격하는 것은 어떤 의미에서 그 사람 자체를 공격하는 것이나 다름없다. 사실 역정보 선동가들이 원하는 바도 그처럼 '우리 대 그들'의 대결 구도를 만드는 것이다. 역정보가 양극화를 심화시키는 이유도 거기에 있다. 하지만 우리가 부정론자에게 먼저 다가가 말을 건넨다면 사실을 공유할 기회는 물론 불신의 장벽을 허물 기회를 창출할 수도 있을 것이다.

이런 전략이 정치적 의도를 가진 '현실 부정론자'에게도 먹힐 수 있을까? 우리가 더 이상 서로 대화하지 않는다면 그 답을 무슨 수로 알 수 있을까? 예전에 펜실베이니아 동부에서 기후변화를 주제로 탄광 광부들과 이야기를 나누기 위해 만찬 행사를 주최한 적이 있다. 이때 행사 홍보를 도와준 부부가 있었는데 데이브Dave Ninehouser

와 에린Erin Ninehouser이었다. 노조를 운영한 경험도 있는 이 부부는 평소에 트럼프 집회를 찾아가 사람들과 대화를 나누면서 그 모습을 촬영하고는 한다. 두 사람은 상대에게 왜 폭스뉴스를 그만 시청해야 하는지, 왜 힐러리 클린턴을 감옥에 보내야 한다는 생각을 버려야 하는지 존중 어린 태도로 논리를 갖춰 설득한다. 다음으로는 촬영한 영상을 작은 비영리단체 히어유어셀프싱크HearYourselfThink에서 강의 교재로 활용한다. 서로 다른 당파에 속한 사람들이 의미 있는 대화를 나눌 수 있도록 돕기 위함이다.[11] 내가 지구평면설 신봉자 같은 과학 부정론자와 나눴던 대화에 비하면 대담하고도 시원시원하다. 게다가 성과도 훨씬 좋았다. 조금 더 시야를 넓혀 보면 KKK 단원 200명과 대화를 나눈 아프리카계 미국인 블루스 뮤지션 대릴 데이비스Daryl Davis, 사이비 종교에 빠진 사람들을 설득하는 데 앞서 살펴본 것과 비슷한 대화 기법을 사용하도록 권고한 전 통일교 신자 스티븐 하산Steven Hassan 등 사례는 수없이 많다. '길거리 인식론street epistemology'(소크라테스의 변론술처럼 특정 믿음을 갖게 된 이유를 생각하도록 유도하는 기법—옮긴이), '동기 강화 상담motivational interviewing'(상대가 스스로 변화의 필요성이나 욕구에 대해 이야기하도록 내버려 둠으로써 변화 동기를 유발하는 상담 기법—옮긴이), '적극적 경청active listening'(상대방 입장에서 의도와 감정을 읽으려 애쓰는 상담 기법—옮긴이) 같은 상담 기법에서도 효과는 몇 번이고 입증되었다.

부정론자는 타고나는 것이 아니라 만들어진다

하지만 여기서 중요한 의문이 하나 생긴다. 그런 풀뿌리 차원의 도구들이 조직적인 차원의 역정보 공작에도 먹힐까? '다가가서 말 걸기' 전략이 개별 사례에서는 매번 효과가 있었을지라도 대규모로 '확장'해서 적용하기에는 분명 무리가 있다. 설령 사람들을 군대처럼 동원해 부정론자들과 대화하도록 독려하더라도 이미 역정보가 퍼졌다면 피해는 돌이킬 수 없다.

그러나 부정론 신봉자와 직접 대화를 나누는 게 문제를 전부 해결하지는 못할지언정 일부 유익이 된다는 사실을 잊어서는 안 된다. 역정보의 근원을 축출하고 확산을 차단하는 데 성공할지라도 이미 거짓말에 속아 넘어가 해로운 신념을 품게 된 사람이 수없이 많기 때문이다. 전염병을 해결하려면 감염원을 싹 없애버리는 것도 중요하지만 이미 병에 걸려 아픈 사람들을 돌보는 것도 중요하다.

슈미트와 베치의 연구에서 확인할 수 있듯 설득을 통해 현실 부정의 늪에서 빠져나오는 사람이 있는가 하면 그렇지 못한 사람도 있다. 하지만 혹시라도 내가 과학 부정론자나 현실 부정론자 모두에게 단 하나의 메시지만을 전할 수 있다면 난 이렇게 말하겠다.

"당신은 속았습니다."

진실 도살자가 최우선으로 노리는 표적이 현실 자체라면 부차적으로 노리는 희생양은 자신의 거짓말을 믿는 자들이다. 그들이 진실 도살자에게 속고 있음을 깨닫게 하려고 힘쓰는 사람들에게 부디 행운이 따르기를 바란다. 마크 트웨인Mark Twain은 이렇게 말한 것으로 알려져 있다. "속이는 것이 속았다는 사실을 납득시키는 것보다 훨씬 쉽다."

그럼에도 우리는 노력해야 한다. 그리고 현실 부정론

자들이 진실 도살자에게 속아 넘어간 희생양이라는 사실을 깨닫는 건 그들 자신은 물론 그들과 대화를 나누려는 사람들에게도 중요하다. 그래야 그들에게 연민을 갖는 게 가능하기 때문이다. '자체적인 연구'를 해봤더니 MMR 백신이 자폐증을 유발할 수 있다는 사실을 은폐하기 위해 질병예방통제센터가 티메로살(세균 성장을 막기 위해 백신에 첨가하는 일종의 방부제—옮긴이) 관련 데이터 공개를 막고 있는 걸 확인했다고 지껄이는 사촌에게도, 애리조나주 재검표 중에 투표 용지에서 대나무 섬유가 나왔다는 사실을 〈해너티Hannity〉(폭스뉴스에서 방영하는 보수 성향 정치 토크 프로그램—옮긴이)에서 봤다며 철썩같이 믿고 있는 삼촌에게도 연민을 가져야 한다. 부정론자는 타고난 존재가 아니라 만들어진 존재임을 늘 기억하자. 한 번 마음을 바꿔 믿지 않던 사실을 믿게 되었는데 다시 마음을 바꾸지 못하리란 법이 어디 있겠나?

흔히 교육이 포스트트루스(탈진실) 위기를 극복할 길이라고들 말한다. 실제로 그럴 수 있다. 교육을 통해 우리는 역정보 피해자들에게 진실 도살자가 누구이며 어떤 전략을 사용해 그들을 속였는지 알려줄 수 있다. 음모론에 쉽게 빠지는 사람들에게는 이것만으로도 효과가 있을 수 있다. 하지만 우리는 다음 세대가 충분한 교육을 받을 때까지 혹은 부정론자가 진실을 받아들일 때까지 마냥 기다릴 수는 없다. 우리에게 시간이 얼마 남지 않은 데다가 이미 역정보에 휘둘리는 사람이 너무나 많기 때문이다. 트럼프의 역정보 공작에 넘어간 사람들을 직접 찾아가 대화를 나누는 것은 물론 마땅히 해야 하고 신뢰할 만한 전략이지만 그것만 가지고는 진실을 전복하려는 이들과 맞서 싸울 수 없다.

그렇다면 역정보를 퍼뜨리는 자와 이를 믿는 자에게 맞설 수 있도록 지금까지 추천한 방법들 외에 또 어떤 조처를 취할 수 있을까? 가장 중요한 것은 우리가 오늘날 맞닥뜨린 문제를 대하는 태도 자체를 바꾸는 것이다.

6장

진실 전쟁에서 승리하는 법

진실은 거짓말쟁이가 권력을 잡았을 때 죽는 게 아니다.
진실을 말하는 자들이 진실 옹호하기를 멈출 때 사라진다.

역정보 전쟁

역정보와의 전쟁에서 승리하려면 일단 첫 단계로 우리가 전쟁 중임을 인정해야 한다. 부정론은 우연이나 실수에서 비롯된 문제가 아니라 인식론적 살해 행위다. 진실을 도살하려는 자는 자신의 행적을 은폐하기 위한 조치 역시 취한다. 실제로 세심하게 설계된 역정보 공작은 두 가지 목적을 동시에 달성한다. 다행히 지금 우리는 어쩌다 그런 일이 벌어졌는지, 그 책임이 누구에게 있는지 잘 알고 있다. 그렇다면 어떻게 반격해야 할까?

웨스트포인트에 위치한 미국 육군사관학교에는 정보전만을 전담하는 특수부대 미국 육군사이버연구소

US Army Cyber Institute가 존재한다. 이곳에서는 미국 안보에 닥칠 수 있는 장기적인 위험을 고려할 때 '위협 예측threatcasting'이라는 개념적 틀을 활용한다. 전쟁의 미래를 예측하는 일은 사관학교의 연구자들은 물론 미국의 방위를 위해 실질적인 조치를 계획해야 하는 군사 지도자들에게도 중대한 관심사다. 2020년에 육군사이버연구소에서는 향후 미국 안보에 가장 치명적으로 작용할 위협 중 하나로 역정보 문제를 꼽은 다음 이 문제를 《보이지 않는 힘Invisible Force》이라는 최신 훈련 매뉴얼에서 자세히 다뤘다. 이 책에서는 적국의 역정보 공작이 미군의 군사적 역량이나 소통을 어떻게 저하시킬 수 있는지 그래픽노블 형식으로 다룬다(사실상 만화책에 가깝다. 호랑이 담배 피던 시절 미군을 떠올리면 안 된다). 주된 목표는 생도들로 하여금 역정보 문제가 실생활에서 어떤 모습으로 나타날 수 있는지 상상해보도록 돕는 것이지만 책에 등장하는 가상의 이야기에는 '마이크로타기팅microtargeting'이나 '탈진실' 같은 심오한 주제에 관한 간략한 설명도 곁들어져 있다.

《정보전으로서의 마이크로타기팅Microtargeting as Informa

-tion Warfare》(국내 미출간) 저자이자 미국 육군사이버연구소에서 역정보와 극단주의 사상의 연관성을 연구하는 중인 제시카 도슨Jessica Dawson 소령은 이렇게 말한다.

"오늘날 우리가 직면한 문제는 그저 프로파간다가 존재한다는 사실 자체가 아니다. 제2차 세계대전 중에도 프로파간다는 비행기에서 전단지 형태로 마구 뿌려졌다. 진짜 문제는 역정보가 취약한 청중을 겨냥해 맞춤형으로 제공될 수 있다는 점이다. 마이크로타기팅 기법을 활용한 온라인 광고는 운동화나 화장품을 판매하는 데 그치지 않는다. 반란과 증오 역시 판매하는 중이다."[1]

미국 육군사이버연구소는 애초에 국외의 적에 대항해 국가를 수호하는 데 전념하는 기관이기에 설령 국외에서 기원한 프로파간다일지라도 역정보의 생성이나 확산 자체가 국내 출처를 통해 이루어진 경우라면 고려하지 않으며 고려할 수도 없다. 푸틴의 후원을 받는 댓글 부대 소굴에서 매일 엄청난 양의 선전물이 쏟아져 나오고 있음을 염두에 둘 때 백신 논쟁, 사회 불안, 정치 선거 등을 겨냥한 러시아의 역정보가 순식간에 미국 내 당파적인 언론 매체의 손아귀에 들어가 출처가 세탁된 채 확산될 가능성을 무시할 수 없다. 러시아의 프로파간다일지라도 일단 미국 내 매체를 통해 전달되는 이상 미군이 대응하기는 어렵다. 물론 미군이 대응하지 않는다고 해서 국내 정보전이 일어나지 않는다는 뜻도, 그게 조금이라도 덜 위험하다는 뜻도 아니다. 오히려 미군마저 역정보의 위험성을 심각하게 받아들이고 있다는 점을 생각할 때 우리 역시 주변의 역정보를 더욱 경계해야 한다.

정보전에서의 승리 전략

최근에 나는 정보전의 위협에 맞설 수 있도록 미국을 준비시키는 데 힘쓰고 있는 전직 미군 장교, FBI 요원, 대테러 자문위원인 클린트 와츠에게 미군이 정보전을 펼치는 방식에서 우리가 배울 점이 어떤 게 있는지 물어보았다. 다시 말해, 우리가 사회적·정치적·문화적 분위기 때문에 앞에 놓인 문제를 온전히 인정하지 않고 있다 보니 충분히 할 수 있는데도 하지 않고 있는 일은 없는지 물었다. 일단 와츠는 미군이 구조적인 한계 때문에 정보전에 그리 능숙하게 대응하지 못하고 있다는 의견을 밝혔다. 미국은 민주적인 형태의 정부를 가진 자유주의 사회이기에 조직적으로 권위주의 정권을 억제하는 데 한계를 가진다.[2] 물론 이런 사회 형태는 우리의 삶에 긍정적으로 작용하는 미덕이지만 그 대신 우리의 한쪽 손을 등 뒤로 묶어 적의 착취에 속수무책으로 당하게 만든다. 하지만 한계는 한계대로 두고 우리가 할 수 있는 일을 해야 한다. 와츠는 정보전의 기본 원칙을 나열한 뒤 그로부터 실용적인 지침을 몇 가지 끌어냈다.

첫째, 진실 전달자 수를 늘려야 한다. 진실 도살자 자체는 많지 않을지라도 진실 도살자의 칼이자 방패로 전락한 신봉자 무리가 군대처럼 많다. 일상 속에서 그들에 대항해 진실의 편에 굳건히 설 자가 필요하다.

둘째, 설득하려는 대상을 진실 전달자와 연결하는 데 집중해야 한다. 지역 사회에서 널리 신뢰받는 영향력 있는 사람을 찾아보는 건 어떨까? 와츠도 "메시지 자체는 물론 메시지를 누가 전달할 것인가를 유념해야 한다"고 말한다. 일례로 코로나 팬데믹 중에 전염병 전문가들과 공중보건 관계자들이 코로나19 백신을 접종하도록 더 많은 사람들을 설득하기 위해 노력을 기울이던 때를 생각해보자. 특히 백신 문제가 각 당파 노선을 따라 정치적인 문제로 둔갑하면서 초기부터 어려움이 발생했다. 게다가 (대부분 공화당 지지자도 아니었던)[3] 아프리카계 미국인들로 하여금 백신 접종을 향한 망설임을 극복하게 돕는 건 쉽지 않았다. 여태까지 의료계가 이들을 상대로 저지른 기만과 학대 행위를 생각할 때 충분히 납득이 가는 현상이었다. 의료계는 흑인 여성 헨리에타 랙스Henrietta Lacks의 DNA를 동의 없이 추출하고• 1932년 터스키기 연구

• 헨리에타 랙스는 1951년 자궁경부암으로 사망한 흑인 여성이다. 당시 과학자들은 수십 년째 인간 세포 배양을 시도했지만 계속해서 실패했는데, 그중 헨리에타 랙스의 자궁경부 조직에서 채취한 세포가 배양에 성공하게 되었다. 이를 헬라 세포라고 부르는데 헬라 세포는 현대 의학과 바이오 산업에 큰 영향을 끼쳤다. 하지만 헨리에타의 세포 조직을 채취할 때 의사들이 그녀나 그녀의 가족에게 동의를 구하지 않았고, 가족들은 20년이 지나서야 헨리에타의 세포가 따로 보관되었고, 다양한 연구에 사용되어 왔다는 사실을 알게 되었다. 이후 헨리에타의 세포 조직을 채취한 존스홉킨스 병원 관계자들의 행위가 논란이 되었고 연구 윤리에 대한 비난이 가해졌다. 유족들은 헬라 세포를 이용해 이익을 챙겼던 미국의 바이오 기업인 서모피셔사이언티픽과 보상에 관한 소송전을 벌였고, 2023년 8월 1일 서모피셔사이언티픽 측과 랙스 유족 간 합의가 이루어짐에 따라 보상이 이루어지게 되었다.

중 매독 연구를 빌미로 흑인 환자에게 일부로 치료제를 주지 않았던 전력이 있었다. 실제로 미국에서 코로나19 백신이 보급되기 시작한 직후 흑인의 예방접종률은 백인에 비해 한참 뒤처졌다. 이 문제는 흑인 공동체의 풀뿌리 운동가들이 직접 흑인들을 설득하면서부터 조금씩 해결되기 시작했다. 놀라운 사례로, 앨라배마주 시골 지역에서는 어느 흑인 여성 넷이 집집마다 다니면서 사람들에게 코로나19 백신 접종을 독려하고 설득했다.[4] 또한 샌프란시스코에서는 어느 흑인 여성이 혼자 힘으로 1,270명을 설득하는 데 성공했다.[5] 이 모든 노력 덕분에 마침내 흑인의 코로나19 백신 접종률은 백인과 동등한 수준까지 올라갔다.[6]

와츠의 세 번째 조언은 "진실을 더 자주 반복해서 말하라"는 것이다. 앞서 언급했듯 선동가의 대표적인 무기로 자리 잡은 전술 하나는 '반복 효과repetition effect'다. 설령 진실이 아닐지라도 더 많이 들으면 더 신뢰할 만하게 들리는 법이다. 왜 트럼프가 계속 뮐러 보고서를 '속임수'라 부르고 우크라이나 대통령과의 통화가 '완벽했다'고 반복해서 말했을까? 그 말이 사람들 귀에 딱 붙도록 만들려는 의도였다. 그런데 반복 효과가 거짓말에 효과가 있다면 진실에도 효과가 있지 않을까?

실제로 정보전을 치른 경험자들이 남긴 조언이니 응당 귀를 기울여야 할 것이다. 만약 진실 도살자를 막기 원한다면 최고의 무기로 반격해야만 한다. 그렇게 하는 데에는 우리가 상대하는 적이 누구인지 명확히 직시하고 역정보를 '오해'라는 식으로 완곡하게 이야기하는 태도를 집어치워야 한다. 진실 도살자로 하여금 사회에 해악을 끼칠 기회를 제공한 역정보 사태는 결코 실수가 아니며 심지어 범죄 행위에 불과한 것도 아니다. 이는 전쟁이다. 이제 우리 역시 바로 그 전장에 나서야 할 때다.

위태로워진 미국의 민주주의

트럼프 정권과 바이든 정권하에서 합동참모본부장을 지낸 마크 밀리Mark Milley 장군은 1월 6일 폭동에 큰 충격을 받았다. 예상치 못한 일이어서가 아니었다.[7] 최근 밀리 장군이 트럼프가 2020년도 대선에서 패배한 이후 쿠데타를 일으키지 못하도록 어떤 특별한 조치를 취했는지가 밝혀졌다. 당시 밀리는 트럼프가 한창 선거를 사기라고 주장하던 때를 '독일 국회의사당 방화 사건•에 맞먹는 순간'이라 불렀다.[8] 왜 상황을 그토록 심각하게 받아들였던 걸까? 국가 안보를 위협하는 상황이었기 때문이다. 그렇다면 왜 이제 와서 더 심각하게 받아들여야 하는 걸까? 역사학자 티머시 스나이더의 말대로 '실패한 쿠데타는 성공적인 쿠데타를 위한 예행연습'이기 때문이다.[9]

2020년 《뉴욕매거진》에 실린 기사의 한 대목이 이를 잘 설명해준다.

> 하버드 대학교 정치학자이자 《어떻게 민주주의는 무너지는가How Democracies Die》의 공동 저자 스티븐 레비

• 1933년 2월 27일 밤, 베를린의 국회의사당이 방화되어 전소한 사건이다. 당시 3월에 실시될 총선거를 앞두고 있던 나치스는 이 사건을 독일공산당의 계획적 범행이라고 공표하고 다음 날인 2월 28일 '민족과 국가의 보호'를 위한 대통령긴급명령을 공포해 공산주의자와 나치스의 반대 세력을 잡아들이며 탄압을 가했다. 그 결과 나치스는 선거에서 대승을 거두었으며, 이후 진행된 재판에서 마리누스 판 데르 루베(Marinus van der Lubbe)의 단독범행으로 밝혀지면서 체포된 나머지 사람들은 모두 무죄 석방되었다.

츠키Steven Levitsky는 "1905년의 러시아 혁명이 1917년의 10월 혁명을 위한 '드레스리허설'이나 다름없었다"라는 블라디미르 레닌의 말을 인용해 이렇게 말한다. "저는 선거 이후 벌어진 이 모든 과정이 드레스리허설인 것만 같아 심히 걱정됩니다." 레비츠키는 공화당이 '그런 행동을 해도 지지층이 벌을 주기는커녕 오히려 찬사를 보낼 가능성이 크다'는 사실을 깨달았다고 분석한다. 그는 이렇게 덧붙인다. "한 번 깨달은 이상 돌이킬 수는 없습니다."[10]

바턴 겔먼Barton Gellman이 2022년 1월호 《디애틀랜틱》에 기고한 표지기사 "트럼프의 다음 쿠데타는 이미 시작되었다Trump's Next Coup Has Already Begun"에서도 동일한 경고를 훨씬 섬뜩한 디테일을 담아 전한다.[11] 트럼프는 지역 선거관리 기구를 무력화하고, 주 법률을 수정하고, 공화당 의원들이 계속 자신의 대담한 거짓말에 충성하게 만듦으로써 다음 단계를 밟기 위한 기반을 다지는 중이다. 바로 파시즘, 권위주의, 독재의 기반 말이다. 애초에 트럼프가 왜 이런 짓을 벌였겠는가? 고작 선거 한 번을 뒤집어보겠다는 게 아니다. 그보다 거대한 무언가를 노리는 게 아니라면 굳이 진실을 도륙하고 자신만의 현실을 이룩하려고 애쓸 필요가 없다. 담배 회사들이 수십억 달러의 이윤을 좇아 과학 부정론 캠페인을 벌인 것처럼 트럼프를 비롯한 차기 진실 도살자들 역시 반민주적인 정치적 야심을 실현시키기 위해 현실 부정 캠페인을 벌이고 있는 것이다. #도둑질을멈춰라 캠페인은 내전을 일으키려는 구실이다. 그리고 그 첫 전투가 2021년 1월 6일에 치러졌다. 만약 모든 게 계획대로 흘러간다면 굳이 또 다른 전투를 치를 필요조차 없을 것이다. 그건 정말 참담한 상황이다. 케빈 매카시 일당이 미국 하원을 장악한 이상 두 가지는 분명하다. 일단 '존 루이스 투표권증진법John R. Lewis Election Rights Advancement Act'[•]과 '투표자유법Freedom to Vote Act'[••]을 통과시키려던 민주당의 꿈이 물거품이 되었다. 더 이상 우리를 구제할 수단은 없다. 또한 민주주의를 향한 공격은 이제 국회의사당 밖에서 일어나는 일이 아니다. 의회 내부의 진실 도살자 수가 늘어났기 때문이다.[12]

공포 영화를 떠올려보라. 집 밖에서 걸려온 것이라고

생각했던 전화가 사실 집 안에서 걸려온 것임을 알게 되는 순간 소름끼치도록 공포스럽다. 이제 미국 19개 주에서 유권자 억압법이 통과되었고 심지어 일부 주에서는 공화당이 장악한 입법 기관이 유권자의 의사를 뒤집을 수 있는 법안까지 통과시켰다. 공화당 중심의 하원이 실제 선거 결과와 상관없이 도널드 트럼프든 론 드산티스Ron DeSantis든 자신들이 원하는 인물을 대통령 자리에 앉

• 2020년 사망한 민권운동가 존 루이스 하원의원의 이름을 딴 존 루이스 투표권 증진법은 인종 차별 전력이 있는 9개 주에서 선거 정책을 변경하기 전 법무부나 연방 판사로부터 '사전 승인'을 받도록 한 1965년 투표권법을 복원하는 것을 골자로 한다. 이 법안에는 선거 정책 변경 시 '사전 승인'을 얻는 주(州)의 범위를 '25년 동안 다수의 투표권 침해를 발생시킨 주'로 확대하는 내용을 담고 있다. 또한 각 주 또는 지방 정부는 투표 절차 및 요건 등이 변경되는 경우 반드시 유권자들에게 사전 고지하도록 의무화하는 내용을 담고 있다.

•• 미국의 모든 주는 선거관리 절차를 자체적으로 결정하고 있는데, 투표자유법은 모든 주가 연방 선거를 관리할 때 따라야 하는 기본 규칙을 정하는 내용을 담고 있다. 이 법안에는 선거일을 공휴일로 지정하는 것, 당일 유권자 등록을 의무화하는 것, 모든 유권자에게 우편투표를 허용하는 것, 출소자에 대한 연방투표권을 회복하는 것, 선거구에 대한 당파적 게리멘더링을 금지하는 것, 선거에 영향을 미치려는 '다크 머니' 집단에 대한 기부자 공개를 의무화하는 것 등의 내용이 포함돼 있다.

힐 도구를 갖췄다는 뜻이다. 이제 진실 도살자는 지지자들이 몽둥이나 깃발을 들고 출격하도록 세뇌시킬 필요가 없다. 법률과 정족수를 손에 넣었기 때문이다.

2022년도 중간선거 이후 민주당 내에는 예상보다 선전했다는(그리고 트럼프가 공화당에 미치는 영향력이 약해지는 것 같다는) 낙관론이 퍼졌다. 하지만 실상은 독재 세력이 입지를 갖추는 데 성공했다. 설령 트럼프가 기소되거나 2024년도 대선 후보로 지명이 되지 못하거나 그 밖의 이유로 무대에서 물러난다 할지라도 트럼프 정신은 계속 남을 것이다. 대선 결과를 부정한 291명 중 상당수가 2022년 중간선거에서 연방 정부 및 주 정부 요직에 출마해 당선되었음을 기억하자. 여론조사 기관 예측에 비하면 약소한 성과였지만 어쨌든 공화당은 하원을 탈환해냈다. 2021년 1월 6일에 성사될 뻔했던 일을 다시 시도하려는 자들이 이제 트럼프 없이도 성공을 거두기 용이해졌다는 뜻이다.

2021년 1월 6일에는 하원의장이 낸시 펠로시였다. 2025년 1월 6일에는 누가 그 자리에 있을까? 이 사실이 얼마나 중요하게 작용할지는 모르는 일이다. 겔먼은 2022년도 기사에서 이렇게 말한다. "엄밀히 말해 다음 대선을 뒤집으려는 시도는 쿠데타로 정의할 수 없을 것이다. 물론 폭력도 제 역할을 하겠지만 그보다는 체제 전복에 더 크게 의존할 것이기 때문이다. 음모가 성공을 거둔다면 2024년도 대선에서 유권자들이 던지게 될 표는 대통령을 결정할 힘이 없을 것이다. 필요하다면 수천 개의 표든 수백만 개의 표든 무효 처리가 될 것이기 때문이다. 승자가 패자로 선언될 것이고 패자가 대통령 자리에 오를 것이다."[13]

현재 국회가 1887년 제정된 '선거인계수법Electoral Count Act'을 보완하기는 했지만 1월 6일 사태가 다시 일어나지 않으리라는 법은 없다.[14] 미 헌법 제1조 2항 세 번째 단락에서 분명히 명시하기를 선거인단에서 동률 표가 나오거나 한 후보자가 과반수에 도달하지 못하면 대통령을 선출할 권리는 미국 하원으로 넘어간다. 그리고 주의 크기에 상관없이 모든 주는 각각 한 표의 투표권을 가진다는 조건 외에는 아무런 규칙도 존재하지 않는다. 사실상 각 주 대표단의 당파적 구성이 모든 걸 결정할 수 있다는 말이다. 현재 118대 의회에서는 공화당 의원이 대표단의 다수인 주가 25개, 민주당 의원이 대표단의 다수인 주가 23개, 동률인 주가 2개 존재한다. 대통령을 선택하는 데에는 단 26표면 된다.

다행히 그런 일이 있기 전 다시 선거가 있을 것이고 (2025년 1월 3일에 취임할) 119대 의회가 2025년 1월 6일 대선을 주관할 것이다.[15] 그 시점에는 어느 쪽이 의회를 장악하고 있을까? 아무도 모르는 일이다. 따라서 가만히 지켜만 보는 건 정말 어리석은 짓이 될 것이다.

우려스러운 일이 벌어지는 걸 막을 시간이 여전히 남아 있기 때문이다.

개인이 역정보에 맞서는 법

그렇다면 정치적인, 혹은 국가적인 대응 외에 우리 평범한 시민은 역정보에 어떻게 반격할 수 있을까? 정부, 언론, 기업을 대상으로 조언한 내용 외에 우리 개인이 취할 수 있는 실질적인 조치에는 무엇이 있을지 생각해보자.

① 거짓말쟁이에게 맞서라

과학 부정론자에게 효과적으로 대응하는 방법을 논하면서 이미 배운 교훈이다. 만약 거짓말쟁이에게 마이크를 내주면 상황은 더욱 악화될 것이며, 그 세력 역시 더욱 커질 것이다. 1월 6일 사태 청문회에서 확인했듯 진실은 말하는 것만으로도 강력한 힘을 발휘할 수 있다. 진실은 역정보에 대응하는 효과적인 무기가 될 수 있다. 그러므로 모두가 큰 소리로 반복해서 말해야만 한다. 진실 역시 퍼뜨리는 게 중요하다. 부정론자의 믿음에 이의를 제기하고 진실을 알린다고 해서 그들의 감정을 상하게 할까 봐 걱정하지 마라. 진실을 알리는 게 오히려 호의를 베푸는 것이다.

② 진실을 옹호하고 널리 전파하라

독재자는 진실을 말하는 사람들이 위험하다는 것을 잘 안다. 그렇기에 설령 수가 적고 작은 위협 같을지라도 진실 전달자들을 막으려 애를 쓰는 것이다. 단적인 예로 러시아를 보자. 러시아는 우크라이나와 전쟁을 시작한 뒤로 어째서 그토록 엄중하게 공개 시위를 단속하고 정부로부터 독립된 언론 매체를 폐쇄한 걸까? 중국은 왜 반체제 인사들을 감옥에 가두고 인터넷을 검열하는 걸까? 거짓말로 시민들을 세뇌시키려 할 때 진실이 걸림돌이 된다는 사실을 알기 때문이다.

심지어 독재 정권에서조차 진실이 무기가 될 수 있다. 역사를 보면 독재 정권이 제일 먼저 붙잡으려는 대상이 매번 진실을 말하는 자임을 수많은 사례를 통해 확인할 수 있다. 그러므로 진실을 옹호하는 것은 사실상 이야기를 통제하려는 독재자와 거짓말쟁이의 목표를 좌절시키는 것이나 마찬가지다.

③ 양극화에 저항하라

일반 시민이 현실 부정에 맞서 싸우기 위해 취할 수 있는 세 번째 조치는 양극화에 저항하는 것이다. 설령 우리가 사실과 진실의 편에 서 있다 할지라도 편파적이 되어서는 안 된다. 역정보 공작의 목표는 단지 사실을 의심하게 만드는 게 아니라 상대를 불신하게 만드는 것임을 기억하자. 우리 의견에 동의하지 않는 사람을 적으로 생각하는 지경에 이르면 독재자의 손발은 한결 편해진다.

그런 환경에서는 사실이 중요해지지 않기 때문이다. 부정론자는 단지 사실이 부족한 게 아니라 신뢰가 부족한 것이다. 그들은 자신과 의견이 다른 사람을 신뢰하지 못해서 그들과 이야기조차 하지 않기에 합리적인 정보를 얻지 못한다. 그러니 아무리 힘들어도 자기 자리에서 '옳은 일'만 하면 그만이라고 생각하지 말자. 오히려 오정보와 역정보 때문에 다른 의견을 가지게 된 사람에게 먼저 다가가서 말을 걸자. 가능하다면 친절을 베풀기 위해 노력하자. 굳이 우리까지 증오와 불신의 대상이 되어줄 필요는 없다.

④ 부정론자들도 피해자임을 인정하라

엄밀히 말하면 부정론자들은 적이 아니라 피해자다. 그들은 속은 것이다. 그들은 역정보를 만드는 자의 농간에 빠진 좀비 보병에 불과하다. 선동가가 그들을 마음껏 착취하는 동안 그들은 아무것도 얻는 게 없다. 물론 그들에게 공감하기란 (특히 우리를 모욕하거나 무시한다면 더더욱) 어려울 수 있다. 하지만 역정보 공작의 표적이 믿는 자와 믿지 않는 자 모두임을 기억하자. 역정보를 만드는 자는 그들은 물론 우리 역시 양극화시킨다. '그들'에 속하는 사람과는 이야기할 가치가 없다고 느끼게 만들려는 것이다. 어째서 사이비 종교가 신자들을 정보 사일로에 가둔 채 전 신자나 가족과 교류하지 못하게 하는지 자문해보라.

⑤ 개소리를 무시하라

앞서 살펴보았듯 나름 정통성 있는 매체들도 갈등, 실패, 혼란 서사를 선호한다. 그런 이야기는 우리를 무력하게 만들 수 있다. 하지만 우리가 할 수 있는 일이 아무것도 없다는 생각에 굴복하지 마라. 오히려 당신이 좋아하는 매체가 있다면 상황을 이 꼴로 만든 '반반' 괴물에게 더 이상 먹이를 주지 말라고, 선동가를 더 이상 노출시키지 말라고, 그러다 민주주의가 몰락하면 어떤 대가를 치를지 경고하라고 강력히 목소리를 내라. 우리에게는 진실을 말하는 자들로 이루어진 군대가 필요하다. 당신이 좋아하는 매체에 편지를 쓰라. 더 좋은 방법은 광고주에게 편지를 써서 보도에 불만을 표출하는 것이다. 진보주의자들이 보내는 이메일이라면 몇 통만으로도 MSNBC

의 보도를 충분히 개선할 수 있을 것이다.

⑥ 문제를 미래로 미루지 마라

'더 나은 교육'이나 '비판적 사고'로 지금 상황을 해결할 수 있다는 말에 넘어가지 마라. 물론 교육은 중요하지만 오랜 시간이 걸린다. 게다가 이미 음모론에 사로잡힌 사람에게 명료한 생각을 기대하기란 어렵다. 물론 아이들에게 비판적 사고 기술을 가르쳐야 하지만 그 아이들이 커서 우리를 구해줄 때까지 기다릴 수는 없다. 지금 당장 어른들이 오정보와 역정보에 대항해 심리적 방어기제를 구축할 수 있는 쉽고 재밌는 방법들을 찾아 적극적으로 활용하라.[16]

⑦ 나쁜 정보가 확산되는 루트를 막기 위해 노력하라

주변의 많은 사람들, 특히 표현의 자유가 검열당할까봐 걱정하는 사람들은 나쁜 정보에 대한 해결책이 진실된 정보라고 말한다. 물론 진실된 정보는 유익하지만 그것만으로는 충분하지 않다. 우리는 나쁜 정보가 확산되는 것을 막을 보다 확실한 방법을 찾아야 한다. 혹시 페이스북에 광고를 싣는 회사들과 거래를 하는가? 그렇다면 역정보 문제에 분명한 입장을 내놓을 때까지 절대 후원하지 않을 것임을 알리라. 혹시 아직 트위터를 사용하는가? 무작정 떠나는 대신 '표현의 자유'를 촉진하겠다며 거짓말쟁이에게까지 플랫폼을 내주는 트위터의 일그러진 노력에 경고를 건네라.

⑧ 의회가 소셜미디어를 규제하도록 정치적 행동을 취하라

특히 소셜미디어 기업들이 뉴스피드에 어떤 기사를 내보낼지 결정하기 위해 사용하는 알고리즘을 투명하게 공개하는 일에 정책 입안자들이 관심을 갖게 만들라.[17] 정치인들의 마음을 돌리는 데는 유권자의 불만이 담긴 편지나 전화 몇 통이 꽤 효과가 있다. 물론 그들이 투표권과 선거법 개혁을 더 강하게 추진하도록 격려하는 것도 잊지 말자.

⑨ 이 전쟁에 참여하는 다른 아군이 존재한다는 사실을 기억하라

당신은 혼자가 아니다. 진실과 민주주의를 옹호하고

싶지만 무엇을 해야 할지 몰라 방황하는 수백만 명의 사람들이 있다. 그들에게 다가가라. 그리고 역정보에 대한 당신의 생각을 들려주고 이 책을 빌려주어라. 단, 현실에 안주하지는 말자. 우리는 이미 세계 곳곳의 진실 도살자들이 저지른 악행을 목격했다. 푸틴의 러시아뿐만 아니라 미국에서도 목격했으며 이는 앞으로 더 악화될 수 있다. 독재 정권으로의 이행과 그에 처절히 저항하는 투쟁 과정에는 때때로 유혈사태가 동반될 수도 있다.[18] 거기까지는 아니더라도 최소한 온라인에서 트롤을 당하거나 역정보의 표적이 될 수 있다는 사실도 의식하라. 그리고 그에 맞춰 자신을 준비시키고 보호하라.

⑩ 현실 부정 문제가 민주주의에 미치는 영향을 공부하라

2016년도 대선 직후 나는 티머시 스나이더의 빼어난 선언문 《폭정On Tyranny》을 읽은 덕분에 이 책을 쓸 영감을 얻었다. 요차이 벤클러Yochai Benkler, 로버트 패리스Robert Faris, 할 로버츠Hal Roberts의 걸작 《네트워크 프로파간다Network Propaganda》(국내 미출간)에서는 미국 정치판에 등장한 현대적 급진주의의 뿌리에 관한 자세하고도 통찰력 있는 분석을 확인할 수 있다. 이 책에서는 '우파 미디어 생태계'가 플랫폼에 관계 없이 공유하는 면에서든 반응하는 면에서든 오늘날의 정보 콘텐츠 중 상당 부분을 지배하게 되었음을 보여준다.[19] 마샤 게센, 니나 얀코비치Nina Jankowicz, 로라 밀러Laura Millar, 앤디 노먼Andy Norman, 피터 포메란체프Peter Pomerantsev, 조너선 라우시, 토머스 리드, 젠 센코Jen Senko, 제이슨 스탠리Jason Stanley 등은 오늘날의 위기를 진작부터 내다본 사람들이다. 그 위기로부터 우리를 구원할 행동 역시 배울 수 있으니 꼭 이들의 저서를 읽어보자.

무엇보다도 이 모든 조치를 최대한 빨리 시작하자. 2022년도 중간선거로 이미 우리는 한 발 뒤쳐졌다. 공화당이 하원을 탈환하지 못하게 막을 수 있었는데도 그렇게 하지 않았다. 하지만 2024년에 또 다른 선거가 다가올 예정이다. 중간선거 결과가 '더 나쁠 수도 있었는데 그만하면 다행'이라며 지금 딱히 할 일이 없다고 느낄 수도 있다. 의회가 드디어 선거인계수법을 개혁했다며 안심할 수도 있다. 트럼프가 정치판에서 아예 사라질 가능성도 있다. 물론 다 좋은 일이다. 그렇다고 해도 역정보는 여전히 미국 정치 체제 전반에 만연해 있으며 역정보를 완전히 물리치지 않는 이상 독재 정권은 속삭임 몇 번에 도래할지도 모른다. 불행하게도 역정보 문제와 민주주의 위기를 해결할 수 있는 효과적인 해결책들은 대부분 정부를 비롯한 대규모 조직을 필요로 하며 이 책이 출판될 즈음이면 배가 이미 항구를 떠난 뒤일지도 모른다. 그러니 우리 모두는 지금 당장 노를 잡고 힘차게 저어야만 한다.

지금은 진실을 지켜내야 하는 시대다

진실은 거짓말쟁이가 권력을 잡았을 때 죽는 게 아니다. 진실을 말하는 자들이 진실 옹호하기를 멈출 때 사라진다. 그러니 진실 도살자들의 정체를 까발리고 적극적으로 비판하자. 그들이 사용하는 전술이 무엇이며 돈줄이 어디인지 밝혀내고, 그들의 거짓말을 믿는 신봉자들을 최대한 많이 일깨우자. 소셜미디어 기업들과 그들을 후원하는 존재들을 보이콧하자. 거짓을 방송하는 케이블 방송사에 항의하자. 그리고 제발 투표하자. 2020년 대선 당시 범퍼에 붙인 스티커 중 정말 인상 깊은 문구가 있었다.

"감히 조작할 엄두도 내지 못할 만큼 표가 쌓이도록 모두가 투표에 참여합시다!"

비록 전망은 깜깜하지만 포기했을 때 우리가 치르게 될 대가를 생각하고, 우리 편에 서 있는 수많은 아군을 잊지 말자. 심지어 선거 기반 독재국가에서도 진실을 위해 투쟁하는 사람들이 있다. 감옥에 가거나 죽임을 당할지라도 진실을 옹호하는 것으로 시작해 자유와 민주주의를 부르짖는 시위자들이 있다. 러시아 야당 지도자이자 반부패 운동가인 알렉세이 나발니Alexei Navalny는 2020년에 푸틴이 보낸 스파이에게 신경독으로 거의 독살을 당할 뻔했다. 3주 동안 혼수상태에 빠졌지만 독일에 있는 병원에서 회복했고 이후 러시아로 추방되어 투옥당했다. 그럼에도 나발니는 감옥에서 단식 투쟁으로 시위를 이어나갔다. 2022년에 러시아가 우크라이나를 침공하자 나발니는 자신을 변호하기 위해서가 아니라 푸틴의 침략 행위를 비판하기 위해 잠깐 법정에 출두했다. 그 후

다시 감방으로 돌아갔다. 나발니는 그가 처한 곤경에 대해 국내외 많은 이들이 관심을 기울이고 있는 덕분에 아직 목숨을 부지하고 있다.

이렇듯 과학, 진실, 현실을 수호하는 데 있어서 반대편에 서 있는 사람들보다 같은 편에 서 있는 동료들이 더 많다. 2020년도 미국 대선과 1월 6일 폭동 사태에 대해 모른 척하는 사람들보다 진실을 아는 사람들이 더 많다. 역정보를 만들고 퍼뜨리고 믿는 자들의 수가 너무 많아 보일지라도 우리 쪽에는 역사가 함께한다는 사실을 잊지 말자.

이제 밖으로 나가 할 일을 찾자

돌이켜보면 어릴 적 나는 《월드북백과사전World Book Ency clopedia》 보는 걸 참 좋아했다. 우리 집은 돈이 많지도 않았고 부모님도 대학을 나오시지 않았지만 그 대신 늘 책이 있었다. 특히 백과사전을 좋아했던 이유는 (아버지가 말씀대로) 그 안에 '모든 것'이 들어 있기 때문이었다.

백과사전에서 가장 좋아했던 영역은 논리와 과학, 철학자와 작가들에 관한 내용이었다. 지금 생각하면 너무나도 당연한 지식인데 이것을 지키기 위해 많은 사람들이 그토록 처절한 투쟁을 벌였다는 사실에 깜짝 놀랐던 기억이 난다. 어째서 암흑시대는 거의 700년 가까이 지속됐을까? 수술을 하기 전에 손을 씻어야 한다는 사실을 부정한 멍청이들은 대체 누구였을까? 어째서 르네상스가 일어나기까지 그토록 오랜 시간이 걸렸을까? 그리고 왜 르네상스에 저항하는 사람들이 있었을까?

어린 나이였는데도 내가 너무 늦은 시대에 태어난 바람에 과학, 철학, 이성의 힘을 옹호할 기회를 놓쳤다는 사실이 아쉬웠다. 이제 와서 누가 그런 진리를 반박하겠는가? 나는 거의 모든 진실이 밝혀진 시대에 태어났기에 과거에 벌어진 위대한 지적 전쟁을 책으로 보는 수밖에 없었다. 소크라테스가 순교를 당한 일도, 갈릴레오가 질책을 받은 일도, 조르다노 브루노Giordano Bruno가 화형을 당한 일도 이미 다 지난 일이었다.

이제 성인이 된 나는 어린 시절에 믿었던 똑같은 가치를 지키기 위해 싸우고 있다. 그때는 몰랐지만 지금은 알기 때문이다. 진실과 이성에 훼방을 놓으려는 세력이 사라지지 않은 채 호시탐탐 기회를 엿보고 있다는 사실을. 그들은 매 시대마다 새롭게 태어난다. 마치 수은을 망치로 때렸을 때처럼. 잠깐 흩어질 수는 있지만 결국 다시 모이고 만다.

우리는 과학과 이성, 진실과 현실 자체를 다시 지킬 필요가 있는 시대에 태어났다. 그 사명을 담대히 받아들이자. 절망에 굴복하지 말자. 진실 도살자에 맞서 싸우기 위해 지금 우리가 할 수 있는 일이 있기 때문이다.

이제 밖으로 나가 할 일을 찾자.

ON DISINFORMATION

두 번째 해제를 위한 변명

어찌하다 보니 리 매킨타이어의 저작에 또 한 번 해제를 달게 되었다. 지난 《포스트트루스》에 이은 두 번째인데, 이러다 '리 매킨타이어 한국어 주석 전문가'가 되는 게 아닌가 싶다. 딱히 바라는 바는 아니지만, 혹여 그렇게 받아들여진들 애써 손사래 칠 필요도 없다. 이왕 주석을 달려면 제대로 다는 게 맞다. 그래서 리 매킨타이어의 저술에 대한 해제, 좀 더 정확히 말하자면 그가 비교적 성공적으로 담론화시키고 있는 탈진실, 부정론, 역정보 문제에 관하여 한국어 독자들에게 해설을 제공하게 된 이유를 먼저 밝혀두고자 한다.

조금 드문 일이기는 해도 이번에 다시 한 번 해제 집필에 동의하게 된 이유는 이렇다. 우선 이 책이 저자의 전작 《포스트트루스》의 업데이트 성격을 지닌 저술인 만큼 그에 관련된 해제 역시 적절히 업데이트되는 것이 필요하다고 보았다. 지난 번 해제를 붙인 《포스트트루스》는 꽤 많은 한국어 독자들에게 읽혔고 진지한 인문사회 서적치고는 실로 열화와 같은 반응이 쏟아졌다고 말할 만하다. 여기서 '열화熱火'란 책에 대한 호응이 기대 이상으로 좋았다는 의미인 동시에, 내가 쓴 해제를 두고 독자들이 터뜨린 불만 역시 뜨거웠다는 뜻이기도 하다. "원저작보다 더 어려운 해제는 처음"이라는 불평이 내 면전면후에 던져지곤 했다. 애초에 '해제'라는 형식부터가 낯설기도 했지만, 본문을 친절하게 풀어서 설명해주기는커녕 내용을 더 어렵게 꼬아놓는 것처럼 느껴져 배신감이 컸던가 보다. 당시에는 매우 낯선 탈진실 개념을 한국적 맥락에서 보충 설명할 필요를 느꼈고, 저자가 얕게 파고들다가 관짝 위에서 멈춘 '이성의 못자리'를 되도록 더 깊게 파서 제대로 파묘해주어야 한다는 의무감 같은 것이 작동했다. 게다가 독자를 일반 대중보다는 '학술·정책 집단과 관련 전공 학생'으로 상정했던 측면도 있다. 워낙 생경하고 어려운 개념을 다룬 서적이기에 대중 독자로부터 폭넓은 호응을 받긴 여의치 않을 테니, 이를 먼저 수용할 가능성이 높은 상대적 소수의 독자들 눈과 귀에 걸릴 이야기를 하는 게 낫겠다 싶었던 게다.

이런저런 반응으로 짐작건대 전문가 집단이나 전공 학생에게는 그 해제가 도움이 됐던가 보다. 하지만 기대 이상의 호응을 보여준 국내 대중 독자들에게 해제의 본래 기능을 제공하지 못했다는 점에선 반성이 필요했다. 저자와 저술 그리고 핵심 논제를 친절하게 풀어헤쳐 주는 글이 해제解題여야 하니까 말이다. 이 직업에 속한 이들의 흔한 버릇처럼, '대중에게 알랑방귀 뀌는 쉬운 잡글이나 쓰고 있다'며 다른 학자들로부터 눈총받는 상황을 피하려고, 해제 안에 잔뜩 먹물을 집어넣었던 건 아니었을까. 따라서 이젠 되도록 먹물 기운을 빼내고, 현명한 대중 스스로의 담론을 만드는 일에 조금이라도 더 기여해야겠다는 새로운 의무감이 생겼다. 《포스트트루스》의

해제를 '애프터서비스'하는 일이 당장은 불가능하니, 이 책의 해제를 통해서라도 사후 보완을 할 수 있다면 다행이다 싶었다.

다음으로, 강단 철학자이기보다 거리의 철학자로서의 정체성을 점점 더 확고히 해가고 있는 리 매킨타이어의 노력을 존중하여, 그것이 한국 상황에서도 적실성을 갖출 수 있도록 능동적으로 변주해줄 필요가 있다고 판단했다. 예컨대 리 매킨타이어는 탈진실의 가장 중요한 기초로 과학 부정론을 든다. 따라서 그가 추구하는 진실truth의 요체는 과학적 진리scientific truth에 근접한다. 그렇기 때문에 이 정통 합리주의적 과학철학자는 미국 사회에 만연한 '과학적 태도'의 상실, 즉 반지성주의anti-intellectualism를 가장 중요한 주제로 삼았다. 하지만 한국에서는 과학 부정론보다 역사 부정론이 더 중요한 의미를 갖는다. 대놓고 과학을 부정하는 정치인이나 대중 집단이 한국 사회에선 그리 흔한 편은 아니다. 물론 진정한 과학이 뭔지도 모르면서 자신의 행동이 '과학적'이라고 확신하는 무지한 정치인과 그 추종 세력이 현재 큰 권력을 쥐고 있어서 발생하는 문제도 있다. 그래도 이들은 최소한 과학을 부정하진 않는다. 이들이 자주 대놓고 부인하는 것은 역사다. 일본 제국주의의 침탈을 애써 '식민지 근대화'로 포장하려고 하고, 반민주·반인권적인 행보로 결국 시민의 손에 의해 끌어내려진 부패한 권력자들을 '자유의 수호자'로서 복권시키려 한다. 이들의 역사 부정론 또한 '부정론denialism'의 중요한 일부라는 점에서 탈진실에 복무한다. '이미 확인된 사실'과 '사회적으로 합의된 정의'보다 그릇된 신념과 질 낮은 정파적 이해를 앞세운다는 점에서 그 자체로 탈진실적이다.

여기서 배격해야 할 것은 비과학적 태도라기보다는 빈곤한 철학과 몰역사적 인식이다. 이들은 일반 사회 안에서 활동할 때에는 멀쩡히 '과학'과 '사실'을 주류적 질서로서 존중하며 따르는 모습을 보인다. 그러나 정치사회

안으로 들어가서는 역사 왜곡을 서슴지 않고, 의도적인 혐오 표현을 방패이자 창으로 삼는 데 거리낌이 없다. 다만 온라인의 익명성 뒤에 가려져 있을 때나 (주말마다 광화문 인근에서 펼쳐지는 예배 형식의 정치 집회처럼) 무리 지어 몰려 있을 때 주로 그렇다. 고립될 가능성이 높은 오프라인 개방 공간에서 이들은 아직 수줍어하는shy 탈진실적 개인에 가깝다. 그렇다면 이들은 미국의 경우와 어떻게 같거나 다르게 역정보의 창조자, 유포자, 신봉자가 되는가? 이에 대한 한국 관점에서의 보완적 서술이 필요하다고 보았다. 그것이 이 두 번째 해제에 이르게 된 변이다.

미국의 과학 부정론과 한국의 역사 부정론

리 매킨타이어의 저작 가운데 한국어로 번역된 것은 이

책 외에도 두 권이 더 있다. 2019년에 이 책의 편집자가 출판한 《포스트트루스》와 2022년에 다른 출판사에서 펴낸 《지구가 평평하다고 믿는 사람과 즐겁고 생산적인 대화를 나누는 법: 의심을 생산하는 시대에 살아남기 위한 철학적 대화 실험》이다.

《포스트트루스》는 학술성과 대중성 사이에서 적절한 균형을 맞추며 시의적절한 담론적 개입을 시도했다. 과학사 연구자이자 과학철학자인 리 매킨타이어를 대표적 탈진실 전문가 반열에 올린 성공작이다. 비록 잘못된 정보일지라도 그것을 수용할 가능성이 자신 안에 내재하고 있음을 이를 통해 확인했고, 그걸 대중적으로 조장한 기업과 유력 정치인 그리고 학자와 언론 등 지식 전문가의 무책임에 공감했다. 개념과 배경 이론은 여전히 어렵게 느껴질 수 있어서 그에 관한 해설은 어느 정도 필요했지만, 문화 간 차이를 넘어선 인류 보편적 경향에 주목하게 했던 덕분에 개별 사회의 문화적 맥락에 의해 발생하는 차이를 고려하지 않아도 핵심 논지를 수용하는 데 큰 무리는 없었다.

《지구가 평평하다고 믿는 사람과 즐겁고 생산적인 대화를 나누는 법》은 그에 비해 상당히 두껍고, 꽤 발랄하게 편집된 제목과 표지를 달고 출간됐다. 전작의 성공을 느끼게 해주는 후속작 구성이었던 셈인데, 정작 내용을 접하고 나면, 쉽게 마주치기도, 만나서 대화 나누기도 어려운 사람들을 직접 찾아가 집요하게 이야기를 나눈 생생한 경험담이 펼쳐진다는 점 외에 더 뚜렷한 지적 진보를 보여주진 못했다. 내 권유로 이 책을 함께 읽고 토론했던 이들의 감상을 모아보면, 우리로선 여간해선 만나기 어려운 '지구 평면설 신봉자'와 같은 극단적 형태의 과학 부정론자 집단에 책의 많은 분량을 할애하여 세세한 소개와 분석을 시도할 필요가 있었을까 싶었던 것 같다. 정상적인 교육을 받은 한국인 다수의 눈에는 (심지어 뚜렷이 탈진실 경향을 나타내는 한국인들에게조차) 이들이 너무나 멍청해 보여서 굳이 의미를 둘 대상으로 받아들여지지 않는 듯했다. 기성 사회로부터 동떨어진 시대착오적 광신 집단의 문제라면 그냥 무시해버리든가, 기껏해야 정신보건정책 차원에서 다룰 문제가 아니었던가? 말하자면 우리의 이해가 아니라 정신의학자들의 처치가 절실한 사람들을 대상으로, 우리의 소중한 지적 에너지를 투여하고, 심지어 그들과의 대화를 위해 감정 자원을 끌어다 쓰는 게 맞는지 의문이 들었던 것이다. 비록 이 해제의 직접 대상이 되는 서적은 아니지만, 바로 이 지점에서부터 해설이 시작될 필요가 있다.

국내 번역서가 지나치다 싶을 정도로 길고 장난스럽게 제목을 붙인 《지구가 평평하다고 믿는 사람과 즐겁고 생산적인 대화를 나누는 법》의 영어 원제는 "과학 부정론자에게 말을 거는 법: 지구 평면론자, 기후변화 부정론자 등 이성을 무시하는 이들과의 대화How to Talk to a Science Denier: Conversations with Flat Earthers, Climate Deniers, and

Others Who Defy Reason"다. 번역된 제목과 원제목 모두 의도적으로 꽤 긴 서술을 택한 것 같기는 한데, 비이성적 태도의 대표 격인 과학 부정론의 특성을 공유하는 집단을 망라하고 있다. 전체 인구로 보면 여전히 일부에 해당하기는 하나 현대 미국인들에게서 발견되는 과학 부정론의 몇몇 전형들에 초점을 맞춘 셈이다. 사실 리 매킨타이어는 전작 《포스트트루스》에서도 과학 부정론을 탈진실의 기본 동인이자 징후로서 주목했고, 후속작 《지구가 평평하다고 믿는 사람과 즐겁고 생산적인 대화를 나누는 법》에서는 탈진실적 과학 부정론의 대표 집단을 직접 만나 실제 대화를 시도하는 데까지 나아갔다. 그 어이없는 현실을 만천하에 알림으로써, 탈진실의 유력한 토양을 이루는 과학 부정론이 심각한 수준으로까지 미국 사회에 번져 있다는 점을 부각시키려 의도한 것으로 보인다.

만약 리 매킨타이어가 한국 독자를 대상으로 이 책을 썼다면 방향을 달리 잡았어야 했을 테다. '비이성'의 중심에 과학 부정론을 놓고 그 유형에 해당하는 이들을 나열하여 포괄하는 제목을 붙이지도 않았을 것이다. 만약 같은 모티브의 다른 서술을 채택했다면 그 제목은 "역사 부정론자에게 말을 거는 법: 광주 북한군 배후설, 제주 4·3 학살 부정론 그리고 역사적 진실을 저장할 두뇌를 잃어버린 모든 이들과의 대화" 정도가 적당하지 않았을까? 물론 미국에서도 숨은 트럼프 지지자를 '샤이 트럼프'라고 불렀던 때가 있었으니, 한국의 탈진실 역시 역사 부정론을 넘어 과학 부정론을 향해 거침없이 진군해갈 수도 있다. 그러나 지금 한국 맥락에서 우리가 주목해야 탈진실 현상은 과학 부정론보다는 확연히 역사 부정론에 집중돼 있다.

전작 《포스트트루스》와 그에 대한 해제는 탈진실이라는, 오래되었지만 전적으로 새로운 특성이 있는 현상에 주목했고, 당시 널리 퍼져 있던 '가짜뉴스fake news'라는 느슨하고 잘못된 용어를 교정하고자 했다. 어느새 우리

안에 심긴 '더 이상 진실은 중요하지 않다'는 태도의 정치적, 심리학적, 사회문화적 배경을 짚는 게 그 핵심이었다. 그에 반해 후속작 《지구가 평평하다고 믿는 사람과 즐겁고 생산적인 대화를 나누는 법》은 우리 입장에서 보면 지나치게 미국적인 형태의 반지성주의와 과학 부정론에 치우쳐 있었다. 만약 내가 그 책에 해제를 달았더라면 (저자가 전작에 비해 충분히 더 쉽게 쓰고 있기 때문에 배경 이론에 관한 해설이 굳이 필요했을 것 같진 않다.) '부정론'으로 통칭될 수 있는 현상들의 인식론적이고 실천적인 특성을 좀 더 쉽게 해설하고, 그런 부정론이 한국적 맥락에서 발아해 확산되고 있는 구체적 현실, 즉 역사 부정론에 초점을 맞췄을 테다. 그리고 위에서 제시해본 제목처럼, 미국에서 과학 부정론이 널리 퍼지고 있는 양상과 비슷하고 또 다르게 한국 사회에 역사 부정론이 뿌리를 내리게 된 과정을 추척하고 그 함의를 덧붙여 보았음직하다.

역사·과학·현실 부정론: 탈진실 피자의 서로 다른 조각들

미국에 만연하게 된 과학 부정론과 한국에 고약하게 박혀버린 역사 부정론(흥미롭게도 일본 사회는 이 두 가지 종류의 부정론이 모두 융성하고 있는 것으로 보인다)은 당연히도 부정론으로서의 근본적인 특성을 공유한다. 따라서 이 책《누가 진실을 전복하려 하는가》3장에서 다루는 '과학 부정론자의 다섯 가지 추론 전략'은• 앞의 '과학'을 떼고 '부정론자의 5대 추론 전략'이라고 해도 무방하다. 식민지근대화론을 들먹이는 이들이나, 성노예 여성 및 강제노역자들의 자발성을 주장하면서 일본의 역사적 책임

• 이 추론전략은 리 매킨타이어의 독자적 성과라기보다는 인지과학자들이 다양한 과학 부정론을 추적하여 정리한 공식에 의거하고 있다. 이 내용은 본격적으로 과학 부정론에 초점을 맞춘 전작《지구가 평평하다고 믿는 사람과 즐겁고 생산적인 대화를 나누는 법》에 집중적으로 서술 및 분석되어 있으며, 후속작인 이 책은 그 논의에 바탕을 두어 '전략적 부정론'에 초점을 맞춘다.

을 부정하는 자들이나, 자유 수호자이자 '국부'로서의 이승만을 추앙하는 이들이나, 제주 4·3과 광주 5·18이라는 국가폭력을 부인하려는 자들 모두, ① 유리한 증거만 골라서 제시하고 ② 이를 바탕으로 비논리적인 추론을 펼치며 ③ (진짜 전문가를 폄하한 채) 가짜 전문가를 앞세우고 ④ 자신들의 말을 반박하려면 완벽하고 절대적인 증거를 가져오라는 식으로 가파르게 비대칭적인 기준을 요구한다. 나머지 한 요소인 음모론은 넣기도 하고 빼기도 하는데, 동원될 경우 ⑤ 그 음모의 배후를 대체로 과거·현재의 북한 공산 세력 및 이에 동조하는 자들로 치부한다는 점도 주목할 만하다.

이 책 《누가 진실을 전복하려 하는가》에서 리 매킨타이어는 과학 부정을 넘어 '현실 부정'으로 나아가는 사례에 현미경을 들이댄다. 실제 전 지구적 차원에서도 나타나고 있기에 '보편'의 외양을 띠고 있기는 하지만 이 역시 주로 미국에서 두드러지는 현상이다. 이 부분에서 매킨타이어의 어조는 사뭇 비장해진다. 트럼프와 그 추종자들이 과학적 성과를 부정하는 것은 물론 당면한 눈앞의 현실을 부정하는 데에까지 이르고 있으며, 그것이 미국 정치를 영원히 바꿔놓아 결국 민주주의의 붕괴로 이어질 수도 있다는 위기감 때문이다. 이를 문제화하기 위해 저자는 '전략적 부정론'이라는 더 초점화된 표현을 사용한다. 전략적 부정론은 의도적 부정론과 비의도적 부정론을 구별하기 위한 용어로서 실수나 무지에 의해서가 아니라 '알면서도 의도적'으로 부인 전략을 사용하는 것이다. 현실 부정은 대부분 전략적 부정이다. 다소 진입장벽이 높은 과학적 지식에 대한 부정과는 달리, 누구나 알고 있고, 알고 있어야만 한다고 합의된 현실의 부정은 고의에 의해서만 발생하기 때문이다. 그래서 리 매킨타이어는 이들을 일컬어 '진실 도살자'라고 부른다. "진실은 죽어가고 있는 것이 아니라 죽임을 당하고 있는 것이다."

저자의 이런 논지에 상당 부분 동의하나, 불명료하게 서술된 부분에 대해서는 좀 더 명확히 짚어볼 필요가 있다. 예컨대 저자는 자신의 전작인 《포스트트루스》에서 언급했던 내용을 이 책에서 다시 인용하면서, 탈진실이란 '현실이 정치에 종속된 상태'이며, 과학 부정론이 그 전 단계 중 하나이고, 현실 부정이 그 본격적인 형태라는 (혹은 그렇게 해석될 만한) 주장을 펼치고 있다. 하지만 이는 부정확하거나 오해의 가능성이 큰, 다소 불필요한 진술이다.

우선 '현실이 정치에 종속된 상태'로서 탈진실을 한정하는 것은 지나치게 협소한 정의 방식이다. 정치에 직접 연관되지 않은 이유로도 탈진실적인 증후를 보이는 경우가 더 많기 때문이다. 당장 탈진실의 기초인 과학 부정론자 집단에 속하는 지구 평면론자들이 '평평한 지구'에 대한 확신으로 기운 건 그들이 우파거나 좌파여서가 아니다. 담배의 유해성을 부인하는 이들의 배후에는 정치적 배경 이전에 영리적 동인이 있다. 광주 5·18 북한군 배후설을 신봉하는 사람들도 그들이 반드시 특정 정당에 소속감을 갖기 때문에 역사적 진실을 왜곡하는 것 역시 아니다. 물론 이들 부정론자들이 '결과적으로' 특정 정치 세력에 기울기도 하는 것은 사실이지만, 그건 그들이 그 세력에 귀속됨으로써 얻을 게 더 많다고 느끼기 때문이다. 정치적으로 결속하면 외롭지 않고, 권력까지 얻게 되면 현실을 자의적으로 조종하는 데 더 유리해지는 까닭이다. 그런 의미에서 결국 '현실을 조종해낼 수 있는 권력에 이르는 유력한 통로로서의 정치'에 종속된다고 말할 수는 있겠지만, 그렇다고 탈진실이 곧 정치 종속적 현상이라고 말할 수는 없다.

아무리 선명한 의미 전달을 위해 의도적 단순화를 하게 되더라도 이보다는 조금 더 길고 구체적인 진술을 제시해야 하고 독자들도 조금은 더 인내심을 발휘해줄 필요가 있다. 충실함과 정확함을 모두 달성하기 위해서는 단계적이고 중층적인 정의 과정을 채택하는 게 도움이 된다. 첫째, 탈진실의 핵심 특성은 이렇다. '자신의 정체성과 이해관계에 연결된 신념에 합치하지 않는 진실은, 비록 그것이 과학적 진리나 명백히 확립된 사실이라고 하더라도, 부정하는 태도와 행위'가 요체다. 둘째, 여기에 부수적 특성이 덧붙여진다. '신념을 거스르는 현실을 부정하는 한편 신념에 합치하는 (비현실적) 현실을 언제든 새로 창안할 수 있다, 따라서 믿고 선포하면 그것이 적어도 우리에게 필요한 현실이 된다, 나아가 지배적 현실을 만드는 건 결국 결속력과 권력이다'라고 믿는 태도이다. 그것을 뻔뻔하게 실천하는 행위가 이를 뒤따른다. 탈진실의 중심부를 구성하는 이런 적극적이고 능동적인 요인에 의해, 셋째, 탈진실의 주변부적·배경적 특성이 파생된다. 진리와 진실에 대해 '무지' 혹은 '부주의'하거나, '냉소' 혹은 '포기'하고 '귀찮아하는', 소극적이고 수동적인 그리고 때로는 은폐된 형태의 탈진실이 바로 그

것이다. 이는 중심부의 탈진실에 의해 형성되고 확산되지만 다시 그 중심부를 더 단단하게 존속하도록 뒷받침하는 배후 요인이기도 하다.• 이를 통합해서 보면, 치즈와 토핑이 얹힌 중심부, 별개의 식감을 지닌 크러스트로 둘러진 주변부, 그리고 눈에 보이지 않게 바닥에 깔려 기본적인 감칠맛을 제공할 토마토 페이스트 등으로 구성된 한 판의 피자 같다. 요컨대 탈진실은 동심원 중층 구조를 가진, 먹음직스럽지만 우리 정신과 사회를 좀먹는 싸구려 피자다.

• 실은 저자의 전반적 입론 또한 이와 크게 다르지는 않다. 위에서 지적한 것처럼 부분적으로 일관되지 못하거나 전략적으로 특정 측면만을 부각하는 진술이 발견되기는 하지만, 리 매킨타이어가 이 책과 기존 저작들을 통해 주장하는 바를 키질해서 알곡만 남기고 이를 다시 체로 쳐서 입자의 크기와 종류대로 묶어보면 위에서 구체적으로 정리한 내 견해와 대체로 부합한다. 저자가 이 책의 결론부 거의 마지막 절에서 "진실은 거짓말쟁이가 권력을 잡았을 때 죽는 게 아니다. 진실을 말하는 자들이 진실 옹호하기를 멈출 때 사라진다"고 강조한 것 역시 같은 맥락에서 나온 것이다.

그런 면에서 "과학 부정론이 탈진실의 전 단계들 가운데 하나"라는 저자의 언급이 굳이 필요했던가 하는 의문이 든다. 위에서 언급한 바와 같이 나는 탈진실의 중심에 제반의 전략적 부정론이 자리하고 있고, 의도적인 형태의 역사 부정론, 과학 부정론, 현실 부정론이 마치 '여러 맛 피자'처럼 각각의 조각이 되어 중심부를 채우고 있으며, 그 주변으로 무지나 실수에 의한 각종 비전략적 부정론이 띠를 두르고 있다고 본다. 그리고 탈진실의 중심부와 주변부 아래에는 '지적 게으름'이나 '포기', 딱히 진실이 있다고 굳게 믿거나 그걸 뚝심 있게 추구하며 사수해낼 필요를 못 느끼는 나른한 태도가 흡사 토마토 페이스트처럼 넓고 느슨하게 깔려 있다고 가정한다. 때문에 과학 부정론을 비롯한 여러 부정론 사이에 시간적·논리적 단계를 설정하거나, 어떤 부정론은 탈진실에 선행하고 어떤 부정론은 탈진실에 후행하는 것처럼 오해될 만한 서술을 굳이 할 필요는 없을 듯하다. 예를 들어 한국의 지배적 탈진실 양상인 역사 부정론과 미국의 지배적 탈진실 양상인 과학 부정론은 사회문화적 맥락의 차이를 반영할 뿐, 탈진실의 전·후 단계 혹은 탈진실의 심화 수준을 대변한다고 보지 않는다. 이를테면 과학 부정론을 넘어 현실 부정론이 득세한 현재의 미국은 탈진실 완성 단계에 있고, 역사 부정론이 퍼져가고 있는 한국은 탈진실의 전 단계나 초입에 있다고 보는 식의 해석을 자극할 이유는 없다.

물론 미국과 유럽의 역사적 경험으로 보면, 제2차 세계대전 당시 벌어진 유태인 대학살을 부인하는 홀로코스트 부정론이 먼저 등장했고, 전후 냉전기에 과학 부정론이 그리고 그것의 연장이자 일부로서 최근 기후변화 부정론이 부상했으며, 2016년 트럼프 당선을 전후로 현실 부정론이 부쩍 강화되고 있기는 하다. 그리고 역사 부정에서 과학 부정, 현실 부정으로 진행될수록 그에 연관된 인지능력의 저하가 그만큼 더 심해지고 있다고 간주할 만한 측면이 없지는 않다. 당대의 집단적 체험과 사회적 분위기가 중요한 역사적 진실은 일종의 '집단기억'으로서 후대에 갈수록 흐릿해지게 마련이다. 그럴 경우 불온한 의도를 품은 권력 집단에 의해 반동적 '기억투쟁'이 촉발될 여지가 커지기 때문에 부정론이 끼어들 틈새도 그만큼 넓어진다. 그에 반해 과학 부정은 과학자 공동체가 수립해온 정교한 이론적 패러다임과 실제 현실에 영향을 미치는 증거 및 실천까지 통틀어 부정해야 하므로 (수용자 측면에서는) 더 심각한 수준의 인지능력 저하 그리고 (창안자 측면에서는) 더 간교한 술수와 투자가 요구된다. 마찬가지로 급기야 현실 부정에 이르기 위해서는 누군가에 의해 명확히 체험된 현실을 억누르면서 인지 능력의 저열화를 더 촉진하고 동원해야 하는 측면도 있다. 요컨대 역사 부정 → 과학 부정 → 현실 부정으로 갈수록 탈진실에 더 취약한 상태가 전개되어 있음을 짐작할 수 있다는 것이다. 그럼에도 불구하고, 명확한 실증적 근거와 이론에 의해 뒷받침할 수 없다면, 이들 부정론 사이의 논리적·시간적 선후 관계를 굳이 언급하거나 암시할 필요는 없어 보인다. 또 그로써 어느 부정론이 탈진실의 전조이며 어느 부정론이 탈진실의 본체를 구성한다는 식의 해석 여지를 남기는 게 이론적으로든 실천적으로든 득보다는 실이 더 크다고 판단한다.•

여기서 리 매킨타이어가 말하는 '현실 부정론'이 정확

• 랠프 키스(Ralph Keyes)가 《탈진실 시대: 현대 생활 속 부정직과 기만(The Post-Truth Era: Dishonesty and Deception in Contemporary Life)》이라는 제목의 2004년 저서를 통해 잘 강조했던 바처럼 거짓과 기만은 인류 역사에 늘 존재해온 특성이지만, 기만이 하나의 '생활양식'처럼 되어버린 탈진실은 그것과는 질적으로 구별되는 현대적 현상이다. 따라서 역사 부정은 단순히 실존했던 역사에 무지하거나 그것을 부정하는 것을 넘어 '누적된 역사적 증거'에 아랑곳하지 않은 채 부실한 역사 인식을 창조하고 전파하는 행위이다. 또 과학 부정은 단지 과학적 발견과 진리를 무시하는 게 아니라 '압도적으로 우월한 과학 이론과 근거' 앞에서도 뻔뻔스레 과학의 무용성을 주장하거나 '그들의 과학'과 '우리들의 과학'을 나누는 일이다. 나아가 현실 부정은 그냥 현실에 눈감는 게 아니라 기존 현실 가운데 유리한 것만을 취사선택하면서, 심지어 실재하지 않는 현실을 꾸며내기 위해 언제든 이른바

히 무얼 가리키는지 역시 다소간 불분명한데, 차제에 좀 더 분명히 해놓을 필요가 있다. 이 책에서 지적한 부분들(2020년 대선 재검표 결과 부정 등)로 짐작하건대, '다양한 언론 기관과 공공 기구 등이 사실로서 제시한 것들을 필요에 따라 받아들이거나 거부하는 자의적 행위'를 지목하는 것으로 보인다. 이걸 별도의 부정론으로까지 분류해야 하는지는 잘 모르겠지만, 과학적 진리 탐구 영역은 아

'대안현실(alternative reality)'을 만들고 '의도적으로 뉴스를 조직해낼' 의지와 수단을 갖춤으로써 실효적으로 (그저 머릿속만 조작하는 것이 아니라 현실의 작동에 물질적 영향을 끼치는 방식으로) 실천된다. 이들은 시간적으로 앞서거니 뒤서거니 하며 찾아오기도 하지만, 본질적으로는 '한꺼번에' 구현된다. 랠프 키스가 말한 것과 같이 "타인을 기만하는 것이 게임이자 습관이 된" 현대 사회에서라면 탈진실은 곧 능력이기 때문이다. 과거의 부정직함이란 주로 가난하고 우매한 자들의 지적 · 윤리적 결핍의 결과물로 취급되었다면, 현대의 기만전술이란 (정치인, 기업가, 변호사, 회계사, 홍보전문가 등) 부유하고 영리한 자들이 숨 쉬듯 활용하며 정치경제적 우위와 풍요를 성취하는 수단으로 받아들여진다. 눈덩이가 눈을 부르듯 한 가지 부정론은 다른 부정론이 쉽사리 들러붙게 하며, 불행은 꼭 겹쳐서 오듯 부정론은 한 가지 모습으로만 찾아오지 않는다.

니고 그렇다고 오랜 기간의 사료 누적에 의해 확정된 역사적 진실에까지 이르지는 못한, 제3의 진실 영역에 연관된 부정론이라고 보면 어느 정도 납득이 된다. 그전까지만 해도 공인된 자료와 언론 보도라는 형식으로 큰 저항 없이 수용되었던 당대의 일반 현실•에 대한 부정이라는 의미에서, 좀 더 편의적이고 '일상적인 부정론' 정도로 이해해두면 큰 무리는 없을 법하다. 이런 현실 부정이 하나의 '버릇'이 돼버리면 심각한 논의는 고사하고 일상적 대화조차 불가능해진다. 사사건건 자잘한 일로 다투게 하는 현상을 심화시켜서 '대체 우리가 어떤 사실을 놓고 이

• 그것을 생산하는 핵심 기관인 언론 매체의 관점에서 보면 '뉴스', 좀 더 넓은 미디어 관점이나 사회적 지평에서 보면 '시사(時事, current affairs)'라고 통칭될 수 있는 사실 집합에 가깝다. 즉 '하루하루 돌아가는 세상사'로서의 사회적 현실인 셈이다. 이것은 일정한 시효를 지니고 있는데 이 가운데 일부는 시간과 역사가의 필터를 거쳐 '역사적 진실' 혹은 그것의 토대를 이루는 '사료'로 변형되고, 또 다른 일부는 더 체계적 현실인 '과학적 진리'로 확정되기도 한다.

야기를 나누고 있나' 싶어 허탈해진 마음이 아예 대화를 포기하게 만드는 효과가 있다. 그리고 바로 이것이 이 책의 핵심 논제인 '역정보'의 가장 음험한 본질이다.

왜 이번엔 '역정보'인가?

한국어 번역본으로는 세 번째인 이 책《누가 진실을 전복하려 하는가》는 저자가 지녀온 문제의식의 발전사를 짧지만 강력한 어조로 축약하고 있다. 각 서적의 핵심 개념과 이를 통해 달성하고자 하는 담론 목표를 짚자면, '탈진실(새로운 현상 정의) → 과학 부정론(핵심 행위자 분석) → 역정보(행위자들을 묶는 매개체와 그에 대한 파훼법)'의 연쇄고리로 이어진다.

이번 책은 ① 탈진실 개념으로 포착한 새로운 현상이 ② 과학 부정론을 비롯한 각종 부정론을 핵심 매개로 성장하고 있다는 초점화된 인식에 기반을 두어 ③ 그런 부정론이 생산해내는 정보를 '역정보'로 규정한 후 이에 대응하는 개인적·사회적 해법을 모색하려 한다.

그렇다면 무엇을 위해, 누구와 어떻게 싸워야 하는가? 이 질문에 대한 축약된 답은 이 책의 영어 원제에 잘 반영되어 있다. "역정보에 대하여: 진실을 옹호하기 위해 싸우고 민주주의를 지키는 법On Disinformation: How to Fight for Truth and Protect Democracy"이다. 요컨대 이 책은 '역정보'를 집중적으로 문제 삼으며, 이를 효과적으로 파훼하는 것이 곧 진실 옹호와 민주주의 수호를 위한 첩경이 된다고 주장한다. 역정보에 조명을 집중하는 영어 원제와는 달리 한국어 번역본 제목은 역정보와 가짜뉴스, 프로파간다를 병렬적으로 나열한다. 아마도 그 이유는 근본적으로 동일한 대상을 가리키는 이들 단어가 실생활에선 조금씩 다른 맥락에서 사용되고 있기 때문일 테다. 가짜뉴스는 가장 대중적으로 확산되어 있는 용어이고,

프로파간다는 파시즘 시기부터 정형화된 정보 조작 행위에 초점을 맞추는 기성 개념이다. 그리고 이들은 역정보와 많은 특성을 공유한다. 하지만 가짜뉴스는 정교하지 않은 개념이며, 프로파간다는 탈진실을 조장하고 전략적 부정론을 활용하는 전통적 방법론에 해당하기는 하나 그 자체가 역정보는 아니다. 선전宣傳이라는 번역어가 있다시피 프로파간다의 본질은 널리 알리는 데 있지 조작과 허위에 있지는 않다. 물론 선전·선동宣傳煽動이라는 용어로 종종 묶이듯, 프로파간다는 '선동'적인 선전 활동, 이른바 아지-프로agitation propaganda로 대표되기도 한다. 이 과정에서 종종 허위를 동원하고 자극적인 언술을 사용하는 조작 행위가 수반된다. 따라서 모든 프로파간다가 역정보인 것은 아니지만 모든 역정보는 아지-프로적 방법론을 채택한다고 보아도 좋다.

그럼에도 불구하고, 어떻든 가짜뉴스나 프로파간다(혹은 좀 더 좁혀서 아지-프로)가 아닌 '역정보'가 바로 전략적 부정론을 채우는 정보 형태이며 그것의 생성-전파-수용이 탈진실 현상을 심화시킨다. 역정보disinformation는 '자신의 정체성을 보호하거나 이해를 실현하기 위해 의도적으로 허위를 섞어 생성한 정보'다. 따라서 단순한 실수나 무지에 의해 생성된 허위를 포함한 정보인 오보misinformation와는 구별되어야 한다. 사실 학술적으로나 정책적으로 다듬어진 번역어로서 '허위조작정보'가 우리에게 이미 있기는 하다. 이는 의도적으로 허위를 삽입해 특정 방향으로 조작한 정보라는 본질적 의미에 잘 부합하는 번역어이며, 다소 길어서 생기는 불편함만 아니라면 그대로 사용해도 충분히 좋다. 다만 역정보라는 용어에는 독자적인 장점과 함께 대체할 수 없는 뉘앙스가 스며들어 있다. 본래 'disinformation'이란 용어는 세계대전 와중에 만들어져 냉전기의 첩보전에 활발히 사용됐고, 냉전 이후 더 본격화된 첨단 정보 전쟁의 여전한 핵심을 이룬다. 즉 과거부터 이미 존재했던 행위로서, '전쟁 당사자가 적진을 교란하기 위해 상대 진영에 심는 정보'라는 뚜렷한 기성 사례를 갖고 있다. 우리가 흔히 "상대편에 역정보를 흘린다"는 말을 사용하듯, 역정보는 오랜 이력을 가진 실효적 번역어다. 게다가 '역逆'이라는 한국어 접두사는 '기존 정보를 무력화하는 과정'을 가리키기 위해 붙은 영어 접두사 'dis-'의 아주 훌륭한 등가어다. 역정보가 위력적인 것은 단순히 조작된 허위라서가 아니다. 제대로 된 기존 정보의 효과를 없애는 것을 넘어, 그로써 '누가 우리 편이고 무엇이 진짜인지를 도무지 알 수 없게 만드는' 전반적 정보 불신 효과를 조장하기 때문이다. 따라서 나는 맥락에 따라 역정보 외에도 교란정보라는 번역어를 종종 쓴다. 예컨대 정보전쟁 성격이 뚜렷한 경우에는 역정보를, 전쟁까지는 아니라 해도 사회적 차원에서 정보 혼란(information disorder 혹은 정보 무질서)을 유발하는 경우에는 교란정보를 사용하는 편이다.

전통적인 형태로든 현대적인 형태로든 역정보 생성의 본산으로 받아들여지는 나라는, 물론 서방 관점에서, 러시아다.• 특히 제국으로서의 러시아와 접경한 채 아직도 준적대적 관계를 유지하고 있는 유럽은 러시아로부터 유래된, 혹은 상호 간 정보전쟁을 오랜 기간 겪어 왔기에 피차 생성하고 있는 역정보에 더 민감하지 않을 수 없다. 따라서 이들은 현대적 탈진실 현상의 핵심 매개체로서 진화한 역정보 개념을 적극적으로 채택해 그에 대응하는 범유럽적 노력을 선도해왔다. 그 성과로 유럽은 현재 가장 일반적으로 받아들여지는 분류 방식으로서, 오보misinformation, 역정보disinformation, 불량정보malinformation의 3대 '문제적 정보 범주'를 창안했다. 이들

• 실제로 소비에트 시절부터 러시아는 프로파간다 전술의 발원지이자 주도적 행위자이기도 했다. 그러나 첩보전 관점에서 보자면, 러시아든 유럽이든 미국이든 모든 국가는 저마다의 방식으로 역정보를 생산하고 상대 진영으로부터 유입되는 역정보에 대응한다고 보는 게 온당한 시선이다.

을 나누는 기준은 두 가지로, '허위성falseness'과 '위해의도성intent to harm'이다. 오보는 실수와 무지에 의한 것이라 허위성은 있지만 위해의도성은 없다. 이와 정반대로 불량정보는 그 자체로 허위인 것은 아니지만 증오 발언이나 혐오 표현, 마약, 자살, 테러 등과 같이 불법적이고 유해한 의도를 품고 생성 및 유포되는 정보다. 이들 모두가 문제시되어야 하지만 탈진실 차원에서 가장 중요한 타깃은 역시 이 두 가지 요소를 모두 갖춘 역정보다. 역정보는 해악을 끼칠 의도로 (즉, 뻔히 해가 될 것을 알면서도 의도적이고 적극적으로) 허위를 끼워 넣어 사회적 혼란, 불신, 좌절, 증오 등을 야기하기 때문이다.

리 매킨타이어는 이와 같은 문제적 정보 범주에 하나하나 시선을 할애하지는 않는다. 그의 표현대로라면 '진실 도살자'들이 전략적으로 창안해 유포하는 것이 역정보이고, 가장 부정적인 정보 환경(궁극적으로는 사실에 기반을 둔 정보 자체가 무의미해지는 자의적 환경)을 조장함으로써 민주주의를 붕괴시키는 데 이르는 까닭이다. 따라서 이 책의 나머지 부분들은 이런 역정보의 주도적 생성자, 증폭자/전파자, 그리고 수용자의 특성을 역설한다. 이에 관련된 저자의 설명과 실천적 대응법, 특히 이 책 6장 결론부에서 명료하게 정리하고 있는 '진실 전쟁에서 승리하는 법'은 매우 쉽고 간명하여서 정상적이고 합리적인 사고를 하는 건강한 민주시민이라면 충분히 동의할 만하다. 그러나 이 안에 도사리고 있는, 저자가 굳이 바깥으로 꺼내놓지 않은 장벽을 언급하지 않을 수 없다.

첫째는 여기서 제시된 대응법이 반드시 넘어야 할 '표현의 자유'라는 거대한 산이다. 역정보의 생성-유포-수용 전 단계에 걸쳐 저자가 제시한 역정보 대응법 가운에 일부만 꼽자면, ① 소수의 적극적 역정보 생성자를 도려내는 규제, ② 역정보의 무책임한 전파자이자 증폭자로서 기능하는 기성 매체와 신생 플랫폼 그리고 이용자에 대한 중층적이고 협력적인 규제, 특히 알고리즘 투명성과 책임성 요구, ③ '진실에 대한 강력한 신념'을 견지한 채 '우군'을 찾아 견결히 연대하는 실천 등은 매우 합당하고 잘 정리된 제안이다. 그러나 구체적이지 않거나 실현 가능성이 낮다는 느낌이 드는 것도 솔직한 사실이다. 저자도 모르지 않듯, 빈대 잡다 초가삼간 태울 위험성도 있다. 역정보로 인한 민주주의의 붕괴를 막기 위해서는 역설적으로 민주주의의 토대 가운데 하나인 표현의 자유를 제한해야 하기 때문이다. 이를 보완하기 위해선 기존의 인권 패러다임과 표현의 자유라는 헌법적 개념을 상당히 신중하면서도 전향적으로 손보는, 광범위한 철학적·법리적·제도적·문화적 작업을 반드시 거쳐야 한다. 리 매킨타이어는 사실 이 분야의 전문가는 아니기 때문에 (물론 평범한 사람들보다야 상당히 높은 수준에서의 이해를 갖추고 있기는 하나) 이에 관련된 탄탄한 이론적·철학적 배경과 법리적·정책적 식견을 갖춘 실효적 대안을 제시하는 데에까지는 이르지 못한 듯하다.

둘째는 이른바 '내로남불'의 이중성이다. 누구나 역정보의 문제에 대해서 심각함을 인정하고, 이런 의도적 허위조작정보가 우리의 합리성과 민주적 의사결정에 부정적 영향을 미친다는 사실에 동의할 테다. 따라서 가능하다면 그것의 부작용을 제거하기 위한 실천과 사회적 조치에 원론적으로는 찬성할 것이다. 그러나 그것이 '나'나 '우리 편'의 문제가 되면 반응이 꽤 달라진다. '저들의 허위와 조작'을 드러내고 제거하는 데에는 적극적이지만, '나와 우리에 의해 수용되기 쉬운 허위와 조작'에 대해서는 훨씬 소극적이고 심지어 반발하기 일쑤다. 앞서 언급한 문제 해결의 전제, 즉 표현의 자유 수준에 대한 신중하면서도 전향적인 사고 역시 바로 이 장벽에 가로막혀 좌절되곤 한다. 사람들은 내 표현 자유와 남의 표현 자유를 등가적으로 존중하지 않기 때문이다. 따라서 내 표현 자유는 손대지 않은 채 남의 표현 자유를 손대는 것에만 동의하게 마련인 죄수의 딜레마적 조건에서는 '모두를 위해 조절된 표현 자유'로 나아가는 게 아니라 '모두의 표현 자유가 어떤 식으로든 훼손되는' 매우 나쁜 결과가 빚어질 수 있다. 물론 가장 가능성이 높은 시나리오는 아무것도 바뀌지 않음으로써 모든 것이 점점 더 악화되는 상황이겠지만 말이다.

리 매킨타이어 역시 이 책을 통해 힘주어 말한 바대로, '진실이 있다는 신념, 그리고 진실을 지켜야 한다는 당위'에 입각하여, 당장의 내 편익에 부응하는 허위보다는 내 불편과 불이익에도 불구하고 진실을 선택해야 마땅하다. 그러나 그것이 어느 일방에게만 유리한 무언가zone of interest가 아니라 모두에게 이로운 무언가zone of common interest로 받아들여지지 않으면 '고양이 목에 방울 달기'처럼 쳇바퀴 도는 일만 반복하기 십상이다. 역정보에 대한 사회적 규제가 '윤리적'으로도 타당할뿐더러 장기적으로 나 자신을 포함한 우리 공동체의 존속에 '이로운 결과'를 초래한다는 확신을 갖게 하기란 참으로 어려운 일이다. 특히 작금의 탈진실적 조건, '기만이 능력이자 누구나 행하는 게임'이 된 상황에서는 더욱 그렇다.

그렇다면 다시 또, 무엇을 어떻게 해야 하는 걸까? 본래 이런 난제에는 단칼에 해결이 가능한 해법이 있을 수가 없다. 그런 게 있다고 주장하는 자는 무지하거나 오만하거나 심지어 자기 이익을 위해 탈진실적인 기만을 수행하는 것일 수 있다. 이런 종류의 문제는 흔히 '거버넌스 goverance'라고 지칭되는 '다중주체 간 다중협력 시스템'의 구축을 통해 해결해야 한다.• 그걸 주도하면서, 자신의 이익을 먼저 내놓고 혹시 모를 불이익을 감수해야 하는 주체는 지식 엘리트, 정치 엘리트, 미디어 엘리트, 기업 엘리트이다. 여기에 다양한 비정부 국제기구와 시민 집단이 참여해야 한다. 그리고 그곳에서 해내야 할 과업은 역정보를 통제하는 것이 거의 모두의 장기적 이익에 복무한다는 합의를 이끌어내고, 그에 토대를 두어 사회적 확신을 전파하는 일이다. 사회의 모든 구성원들로 하여금 그 혜택을 체감할 수 있게 해줄 모범 사례를 누적하고 이를 점차 제도화해나가는 일도 뒤따라야 한다. 표현의 자유를 둘러싼 기존 관념과 제도를 전향적으로 재검토해, 여전히 결핍된 곳은 끌어올리고 명확히 과잉된 곳은 깎아내리는 방향으로의 새로운 평탄화 작업 역시 이 거버넌스의 몫이다.

아마 이 역시도 여전히 난해하고 흐릿한 대안이라 생

• 거버넌스의 가장 적절한 번역어가 바로 '협치'이다. 거버넌스란 다양한 이해당사자가 함께 모여 이룬 협의 결과가 집행력을 갖는 시스템이다. 비록 의회나 행정부와 같은 권력 기관에 의한 결정은 아니라고 하여도 협치는 이해당사자들 스스로 규칙을 만들어 집행하고 그 과정을 감독함으로써 명확한 '자치' 효과를 낼 수 있다. 종종 전사회적 구속력을 지닌 입법과 행정으로 이어지기도 한다. 이를 위해서는 기존 권력 기관이 자신의 권력을 이들 협치 체계에 위임하고, 그런 위임이 구속력을 갖도록 하는 장치가 필수적이다. 지금 한국의 왜곡된 정치 상황에서는 '정치 권력 내부의 엘리트 간 주고받기'로 협애화되거나, 심지어는 헌정 체제의 다수결 원리를 무시 또는 부인하기 위한 핑곗거리처럼 쓰이는 경우, 혹은 우리 언론이 흔히 그러듯 '민심을 살피고 오로지 공익에만 복무하는 정치를 하라'는 식의 하나마나한 훈장질 도구로 쓰이는 경우가 많아서, 그냥 거버넌스라는 용어를 썼다.

각될 테다. 불행히도 그렇다. 그래도 탈진실과 과학 부정론 혹은 역사 부정론을 거쳐 이 역정보의 문제의식에 이른 사람이라면, 그리고 그 수가 점점 더 늘어난다면, 충분히 낙관적인 태도를 가질 필요와 자격이 있다. 여기까지 온 것만으로도 많이 온 것이다. 앞으로 걸어가야 할 길은 더 멀고 험할 테지만, 우리는 제대로 방향을 잡았고, 길을 닦았고, 소중한 추진력을 확보한 셈이다. 이렇게 걸어온 길과 그 위에서 함께 걸어온 걸음 자체가 이미 우리의 자원이다.

"여기가 로도스다. 여기서 뛰어라Hic Rhodus, hic salta!"

ON DISINFORMATION

1장 진실 도살자

1. Hannah Arendt, *The Origins of Totalitarianism* (New York: Meridian Books, 1958), 474.
2. Timothy Snyder, "The American Abyss," *New York Times*, January 9, 2021, https://www.nytimes.com/2021/01/09/magazine/trump-coup.html.

2장 전략적 부정론의 역사

1. Naomi Oreskes and Erik M. Conway, *Merchants of Doubt: How a Handful of Scientists Obscured the Truth on Issues from Tobacco Smoke to Global Warming* (New York: Bloomsbury, 2010), 18.
2. Shannon Hall, "Exxon Knew about Climate Change Almost 40 Years Ago," *Scientific American*, October 26, 2015, https://www.scientificamerican.com/article/exxon-knew-about-climate-change-almost-40-years-ago/.

3장 역정보를 창조하는 자

1. https://skepticalscience.com/history-FLICC-5-techniques-science-denial.html.
2. Chris Mooney, "Ted Cruz Keeps Saying That Satellites Don't Show Global Warming. Here's the Problem," *Washington Post*, January 29, 2016, https://www.washingtonpost.com/news/energy-environment/wp/2016/01/29/ted-cruz-keeps-saying-that-satellites-dont-show-warming-heres-the-problem/; Zeke Hausfather, "Major Correction to Satellite Data Shows 140% Faster Warming since 1998," Carbon Brief, June 30, 2017, https://www.carbonbrief.org/major-correction-to-satellite-data-shows-140-faster-warming-since-1998/.
3. Alister Doyle, "Evidence for Man-Made Global Warming Hits 'Gold Standard': Scientists," Reuters, February 25, 2019, https://www.reuters.com/article/us-climatechange-temperatures/evidence-for-man-made-global-warming-hits-gold-standard-scientists-idUSKCN1QE1ZU.
4. Glenn Kessler et al., "Trump's False or Misleading Claims Total 30,573 over Four Years," *Washington Post*, January 24, 2021, https://www.washingtonpost.com/politics/2021/01/24/trumps-false-or-misleading-claims-total-30573-over-four-years/.
5. Reid Epstein and Rick Corasaniti, "'Stop the Steal' Movement Races Forward, Ignoring Arizona Humiliation," *New York Times*, September 24, 2021, https://www.nytimes.com/2021/09/24/us/politics/arizona-election-audit-analysis.html.
6. Chris Cillizza, "The Most Absurd Conspiracy Theory Yet in

the Ongoing Arizona Recount," CNN, May 7, 2021, https://www.cnn.com /2021/05/07/politics/arizona-recount-bamboo-state-senate/index.html.

7. Li Cohen, "6 Conspiracy Theories about the 2020 Election Debunked," CBS News, January 15, 2021, https://www.cbsnews.com/news/presidential-election-2020-conspiracy-theories-debunked/.
8. Yevgeny Kuklychev, "January 6 Conspiracy Theories and False Narratives One Year On," *Newsweek*, January 6, 2021, https://www. newsweek.com/january-6-conspiracy-theories-false-narratives-one-year-1666212.
9. Michael Wines, "Cyber Ninjas, Derided for Arizona Vote Review, Says It Is Shutting Down," *New York Times*, January 7, 2022, https://www.nytimes.com/2022/01/07/us/cyber-ninjas-arizona-vote-review.html.
10. Tovia Smith, "Why Is the 'Big Lie' Proving So Hard to Dispel?" NPR, January 4, 2022, https://www.npr.org/2022/01/04/1070337968/why-is-the-big-lie-proving-so-hard-to-dispel.
11. Brian Naylor, "Read Trump's Jan. 6 Speech, A Key Part of Impeachment Trial," NPR, February 10, 2021, https://www.npr.org/2021/02/10/966396848/read-trumps-jan-6-speech-a-key-part-of-impeachment-trial.
12. Solomon Asch, "Opinions and Social Pressure," *Scientific American* 193, no. 5 (November 1955): 31-35, https://pdodds.w3.uvm.edu/teaching/courses/2009-08UVM-300/docs/others/everything/asch1955a.pdf; Juliet Macur, "Why Do Fans

Excuse the Patriots' Cheating Past?" *New York Times*, February 5, 2017, https://www.nytimes.com/2017/02/05/sports/football/new-england-patriots-super-bowl-cheating.html.

13. Hugo Mercier and Daniel Sperber, "Why Do Humans Reasons? Arguments for an Argumentative Theory," *Behavioral and Brain Science* 34, no. 2 (April 2011): 57-74, https://pubmed.ncbi.nlm.nih.gov/21447233/.
14. Caitlin Dickson, "Poll: Two-Thirds of Republicans Still Think the 2020 Election Was Rigged," Yahoo News, August 4, 2021, https://news.yahoo.com/poll-two-thirds-of-republicans-still-think-the-2020-election-was-rigged-165934695.html.
15. Robert Post, "The Other Tragedy of January 6," *Atlantic*, January 16, 2021, https://www.theatlantic.com/ideas/archive/2021/01/the-other-tragedy-of-january-6/617695/.
16. Jonathan Rauch, "How to Beat Trump and Co. in Their War on Truth: Lessons from the Arizona 2020 Election 'Audit,'" *New York Daily News*, May 22, 2021, https://www.nydailynews.com/opinion/ny-oped-arizona-dreaming-20210522-uyd6ivuv75hd5gof2geyd5adtu -story.html.
17. Lee McIntyre and Jonathan Rauch, "A War on Truth Is Raging. Not Everyone Realizes We're in It," *Washington Post*, June 25, 2021, https://www.washingtonpost.com/opinions/2021/06/25/war-truth-is-raging-not-everyone-recognizes-were-it/.
18. Rob Kuznia et al., "Stop the Steal's Massive Disinformation Campaign Connected to Roger Stone," CNN, November 14, 2020, https://www.cnn.com/2020/11/13/business/stop-the-steal-disinformation-campaign-invs/index.html.

19. Brian Stelter, "This Infamous Steve Bannon Quote Is Key to Understanding America's Crazy Politics," CNN.com, November 16, 2021, https://www.cnn.com/2021/11/16/media/steve-bannon-reliable-sources.
20. Christopher Paul and Miriam Matthews, "The Russian 'Firehose of Falsehood' Propaganda Model," Santa Monica: Rand Corporation, 2016, https://www.rand.org/pubs/perspectives/PE198.html.
21. Jobby Warrick and Anton Troianovski, "Agents of Doubt," *Washington Post*, December 10, 2018, https://www.washingtonpost.com/graphics/2018/world/national-security/russian-propaganda-skripal-salisbury/?utm_term=.0a3322c4d2f3&itid=lk_interstitial_manual_103.
22. Jonathan Rauch, "Trump's Firehose of Falsehood," *Persuasion*, November 18, 2020, https://www.persuasion.community/p/trumps-firehose-of-falsehood.
23. Matthew Luxmoore, "Putin's Performance at Geneva Summit Seen as a Master Class in 'Whataboutism,'" Radio Free Europe, June 17, 2021, https://www.rferl.org/a/putin-biden-summit-whataboutism-russia-narrative/31313209.html.
24. 2021년 11월 15일, 키릴 아브라모프와의 사적인 대화.
25. Sean Illing, "The Russian Roots of Our Misinformation Problem," Vox, October 26, 2020, https://www.vox.com/world/2019/10/24/20908223/trump-russia-fake-news-propaganda-peter-pomerant sev.
26. Danielle Kurtzleben, "Trump Embraces One of Russia's Favorite Propaganda Tactics-Whataboutism," NPR, March 17, 2017,

https://www.npr.org/2017/03/17/520435073/trump-embraces-one-of-russias-favorite-propaganda-tactics-whataboutism.

27. William J. Broad, "Putin's Long War against American Science," *New York Times*, April 13, 2020, https://www.nytimes.com/2020/04/13/science/putin-russia-disinformation-health-coronavirus.html.

28. William J. Broad, "Putin's Long War Against American Science," *New York Times*, April 13, 2020, https://www.nytimes.com/2020/04/13/science/putin-russia-disinformation-health-coronavirus.html.

29. Henry Miller, "Russia's Anti-Vaccine Propaganda Is Tantamount to a Declaration of War," PRI Center for Medical Economics and Innovation, March 29, 2021, https://medecon.org/russias-anti-vaccine-propaganda-is-tantamount-to-a-declaration-of-war/.

30. Michael R. Gordon and Dustin Volz, "Russian Disinformation Campaign Aims to Undermine Confidence in Pfizer, Other COVID-19 Vaccines, U.S. Officials Say," *Wall Street Journal*, March 7, 2021, https://www.wsj.com/articles/russian-disinformation-campaign-aims-to-undermine-confidence-in-pfizer-other-covid-19-vaccines-u-s-officials-say-11615129200; Simon Lewis, "U.S. Says Russian-Backed Outlets Spread COVID-19 Vaccine 'Disinformation,'" Reuters, March 7, 2021, https://www.reuters.com/article/us-usa-russia-covid-disinformation/u-s-says-russian-backed-outlets-spread-covid-19-vaccine-disinformation-idUSKBN2B0016.

31. Leonid Savin, "Bill Gates, Vaccinations, Microchips, and Patent

060606," *Oriental Review*, April 29, 2020, https://orientalreview.org/2020/04/29/bill-gates-vaccinations-microchips-and-patent-060606/comment-page-1/.

32. "Poll: 44% of Republicans Think Bill Gates to Use COVID-19 Vaccine to Implant Tracking Chip," CBS /poll-44-of-republicans-think-bill-gates-to-use-covid-19-vaccine-to-implant-tracking-chip.
33. Jamie Dettmer, "Russian Anti-Vaccine Disinformation Campaign Backfires," Voice of America, November 18, 2021, https://www.voanews.com/a/russian-anti-vaccine-disinformation-campaign-backfires/6318536.html.
34. Rauch, "How to Beat Trump and Co." *New York Daily News*, https://www.nydailynews.com/opinion/ny-oped-arizona-dreaming-20210522-uyd6ivuv75hd5gof2geyd5adtu-story.html.
35. Peter Wehner, "You're Being Manipulated," *Atlantic*, July 9, 2021, https://www.theatlantic.com/ideas/archive/2021/07/jonathan-rauch-americas-competing-totalistic-ideologies/619386/.
36. Jonathan Rauch, "Arizona's Election Audit Is an Attack by Americans on Other Americans," *Arizona Central*, June 13, 2021, https://www.azcentral.com/story/opinion/op-ed/2021/06/13/trump-using-arizona-election-audit-russian-style-disinformation-campaign/7585784002/.
37. James Davitt Rooney, "Trump Is Biggest Presidential Loser since Hoover," Commonwealth, November 17, 2020, https://commonwealthmagazine.org/opinion/trump-is-biggest-presidential-loser-since-hoover/.
38. Fredreka Schouten, "19 States Passed This Year Laws to

Restrict Voting, New Tally Finds," CNN, October 4, 2021, https://www.cnn.com/2021/10/04/politics/voting-laws-restrictive-map-october/index.html.

39. Amy Gardner, "All but Two McCarthy Defectors in House Are Election Deniers," *Washington Post*, January 3, 2023, https://www.washingtonpost.com/nation/2023/01/03/mccarthy-defectors-election-deniers/.
40. Fiona Hill, "The Kremlin's Strange Victory," *Foreign Affairs*, September 29, 2021, https://www.foreignaffairs.com/articles/united-states/2021-09-27/kremlins-strange-victory.

4장 역정보를 퍼뜨리는 자

1. Shannon Bond, "Just 12 People Are Behind Most Vaccine Hoaxes on Social Media, Research Shows," NPR, May 14, 2021, https://www.npr.org/2021/05/13/996570855/disinformation-dozen-test-facebooks-twitters-ability-to-curb-vaccine-hoaxes.
2. Elizabeth Dwoskin, "Massive Facebook Study on Users' Doubt in Vaccines Finds a Small Group Appears to Play a Big Role in Pushing the Skepticism," *Washington Post*, March 14, 2021, https://www.washingtonpost.com/technology/2021/03/14/facebook-vaccine-hesistancy-qanon/.
3. Jonathan Mahler and Jim Rutenberg, "How Murdoch's Empire of Infl uence Remade the World," *New York Times*, April 3, 2019, https://www.nytimes.com/interactive/2019/04/03/magazine/rupert-murdoch-fox-news-trump.html.

4. "A Rigorous Scientific Look into the 'Fox News Effect,'" *Forbes*, July 21, 2016, https://www.forbes.com/sites/quora/2016/07/21/a-rigorous-scientific-look-into-the-fox-news-effect/?sh=647b05fe12ab.
5. Mark Jurkowitz et al., "U.S. Media Polarization and the 2020 Election: A Nation Divided," Pew Research Center, January 24, 2020, https://www.pewresearch.org/journalism/2020/01/24/u-s-media-polarization-and-the-2020-election-a-nation-divided/.
6. Brian Stelter, *Hoax: Donald Trump, Fox News, and the Dangerous Distortion of Truth* (New York: Simon & Schuster, 2021), 151.
7. Pamela Engel, "The US Intelligence Report on Russian Hacking Directly Implicates WikiLeaks," *Business Insider*, January 6, 2017, https://www.businessinsider.com/us-intelligence-report-wikileaks-russian-hacking-2017-1.
8. Peter Suciu, "Tucker Carlson Accused of Promoting Russian Propaganda as Putin Masses Forces on Ukraine Border," *Forbes*, December 8, 2021, https://www.forbes.com/sites/petersuciu/2021/12/08/tucker-carlson-accused-of-promoting-russian-propaganda-as-putin-builds-up-forces-on-ukraine-border/?sh=7f6510538ef3.
9. Julia Davis, "Kremlin TV Worries Tucker Carlson's Pro-Putin Bias Has Gone Too Far," *Daily Beast*, January 26, 2022, https://www.thedailybeast.com/tucker-carlsons-pro-putin-bias-has-gone-too-far-kremlin-tv-says.
10. Rosalind Helderman, Emma Brown, Tom Hamburger, and Josh Dawsey, "Inside the 'Shadow Reality World' Promoting

the Lie That the Presidential Election Was Stolen," *Washington Post*, June 24, 2021, https://www.washingtonpost.com/politics/2021/06/24/inside-shadow-reality-world-promoting-lie-that-presidential-election-was-stolen/; Anna Massoglia, "Details of the Money behind Jan. 6 Protests Continue to Emerge," Open Secrets, October 25, 2021, https://www.opensecrets.org/news/2021/10/details-of-the-money-behind-jan-6-protests-continue-to-emerge/; Beth Reinhard, Jacqueline Alemany, and Josh Dawsey, "Low-Profile Heiress Who 'Played a Strong Role' in Financing Jan. 6 Rally Is Thrust into Spotlight," *Washington Post*, December 8, 2021, https://www.washingtonpost.com/investigations/publix-heiress-capitol-insurrection-fancelli/2021/12/08/5144fe1c-5219-11ec-8ad5-b5c50c1fb4d9_story.html; Igor Derysh, "How One Billionaire Family Bankrolled Election Lies, White Nationalism-at the Capitol Riot," Salon, February 4, 2021, https://www.salon.com/2021/02/04/how-one-billionaire-family-bankrolled-election-lies-white-nationalism--and-the-capitol-riot/.

11. Jane Mayer, "The Big Money behind the Big Lie," *New Yorker*, August 9, 2021, https://www.newyorker.com/magazine/2021/08/09/the-big-money-behind-the-big-lie.
12. Jennifer Rubin, "Forget Partisan Scorekeeping. Our Ukraine Policy Isn't about Instant Results," *Washington Post*, February 27, 2022, https://www.washingtonpost.com/opinions/2022/02/27/media-narrative-ukraine/.
13. "Broken Media-Official Documentary," https://www.youtube.

com/watch?v=XOOxMAkLu0U.

14. Steve Hoff steter(@SteveHoff steter), "누군가는 비가 온다고 하고 다른 사람은 비가 오지 않는다고 하면, 두 사람의 말을 모두 인용하는 건 당신의 일이 아니다. 당신의 일은 빌어먹을 창밖을 내다보고 어느 것이 사실인지 알아내는 것이다." 셰필드 대학교 저널리즘 강사 조너선 포스터의 트위터, December 3, 2020, 2:59 p.m., https://twitter.com/stevehofstetter/status/1334588111217516545?lang=en.

15. "'Don't Book Liars': Soledad O'Brien Challenges Media at Disinformation House Hearings," USA Today, February 25, 2021, https://www.usatoday.com/videos/entertainment/tv/2021/02/25/soledad-obrien-challenges-media-house-hearing-disinformation /6813475002/; Marcia Apperson, "Consider Using a 'Truth Sandwich' to Counter Misinformation," PBS, April 22, 2020, https://www. pbs.org/standards/blogs/standards-articles/what-is-a-truth-sandwich/; Maxwell Boykoff and Jules Boykoff , "Balance as Bias: Global Warming and the US Prestige Press," *Global Environmental Change* 14 (2004): 125-136, https://www.eci.ox.ac.uk/publications/downloads/boykoff 04-gec.pdf.

16. 여기서 한 가지 예외는 MSNBC의 니콜 월런스(Nicolle Wallace)의 쇼 〈데드라인: 화이트하우스〉로, 허위 정보 이야기를 전달하는 데 매우 효과적이었다.

17. Masha Gessen, *Surviving Autocracy* (New York: Riverhead, 2020), 151.

18. Julia Ioffe(@juliaioffe), "반복합니다. 트럼프의 대통령직을 제대로 보도할 준비가 된 사람은 권위주의 정권이 어떻게 돌아가는지 아는 사람뿐이었습니다. 정치를 야구 경기와 브로드웨이 쇼 사이의 무언가로 취급하는 워싱턴 언론들은 비참할 정도로 준비가 되어 있지 않았습니다." May 20, 2022, 12:05 a.m., https://twitter.com/juliaioffe/status/152

7500693283684366?lang=en.

19. "House Hearing on Disinformation and Extremism in Media," *C-SPAN*, February 24, 2021, https://www.c-span.org/video/?509245-1/house-hearing-disinformation-extremism-media.
20. Perry Bacon Jr., "How Media Coverage Drove Biden's Political Plunge," *Washington Post*, July 17, 2022, https://www. washingtonpost.com/opinions/2022/07/17/media-bias-role-biden-approval-decline/.
21. Christine Chan and Lisa Shumaker, "U.S. Records over 25,000 Coronavirus Deaths in July," Reuters, July 31, 2020, https://www.reuters.com/article/us-health-coronavirus-usa-july/u-s-records-over-25000-coronavirus-deaths-in-july-idUSKCN24W1G1.
22. Kelsey Vlamis, "Fox News and Tucker Carlson Use 'Minute by Minute' Ratings That Show Their Audience Love 'White Nationalism' Talking Points, Report Says," Yahoo News, April 30, 2022, https://news.yahoo.com/fox-news-tucker-carlson-minute-014055697.html; "How Newsrooms Blame the Audience-The Problem with Jon Stewart-Apple TV+," https://www.youtube.com/watch?v=BI17xMFiEFw.
23. Davey Alba, "YouTube's Stronger Election Misinformation Policies Had a Spillover Effect on Twitter and Facebook, Researchers Say," *New York Times*, October 14, 2021, https://www.nytimes.com/2021/10/14/technology/distortions-youtube-policies.html.
24. Geoffrey Fowler, "Twitter and Facebook Warning Labels Aren't

Enough to Save Democracy," *Washington Post*, November 9, 2020, https://www.washingtonpost.com/technology/2020/11/09/facebook-twitter-election-misinformation-labels/.
25. Damian Carrington, "'A Great Deception': Oil Giants Taken to Task over 'Greenwash' Ads," *Guardian*, April 19, 2021, https://www.theguardian.com/business/2021/apr/19/a-great-deception-oil-giants-taken-to-task-over-greenwash-ads.
26. Alexis Madrigal, "This Is How Much Fact-Checking Is Worth to Facebook," *Atlantic*, February 1, 2019, https://www.theatlantic.com/technology/archive/2019/02/how-much-factchecking-worth-facebook/581899/.
27. Spencer Ackerman, "Facebook Now Says Russian Disinfo Reached 150 Million Americans," *Daily Beast*, November 1, 2017, https://www.thedailybeast.com/face book-now-says-russian-disinfo-reached-150-million-americans.
28. "Facebook Says Took Down 1.3 Billion Fake Accounts in Oct-Dec," Reuters, March 22, 2021, https://www.reuters.com/technology/facebook-disables-13-billion-fake-accounts-oct-dec-last-year-2021-03-22/; "Mark Zuckerberg Says Facebook Has Removed 8 Million Posts with COVID Misinformation, but Won't Say How Many People Viewed Them," CBS News, August 18, 2021, https://www.cbsnews.com/news/mark-zuckerberg-facebook-covid-misinformation-post/.
29. Adi Robertson, "Facebook Says It's Spent $13 Billion on 'Safety and Security' since 2016," The Verge, September 21, 2021, https://www.theverge.com/2021/9/21/22685863/facebook-safety-security-staff -spending-misinformation-abuse-wall-

street-journal-reports.
30. Adrian Chen, "The Laborers Who Keep Dick Pics and Beheadings Out of Your Facebook Feed," *Wired*, October 23, 2014, https://www.wired.com/2014/10/content-moderation/.
31. "The Facebook Files," *Wall Street Journal*, https://www.wsj.com/articles/the-facebook-files-11631713039.
32. Sheera Frenkel and Cecilia Kang, *An Ugly Truth: Inside Facebook's Battle for Domination* (New York: Harper, 2021).
33. Kevin Roose, "Facebook Reverses Postelection Algorithm Changes That Boosted News from Authoritative Sources," *New York Times*, December 16, 2020, https://www.nytimes.com/2020/12/16/technology/facebook-reverses-postelection-algorithm-changes-that-boosted-news-from-authoritative-sources.html.
34. Nitish Pahwa, "The Facebook Crisis in India Might Be the Worst Facebook Crisis of All," *Slate*, October 26, 2021, https://slate.com/technology/2021/10/facebook-papers-india-modi-misinformation-rss-bjp.html; Dan Milmo, "Rohingya Sue Facebook for 150bn over Myanmar Genocide," *Guardian*, December 6, 2021, https://www.theguardian.com/technology/2021/dec/06/rohingya-sue-facebook-myanmar-genocide-us-uk-legal-action-social-media-violence.
35. Michelle Toh, "Facebook Sued for $150 Billion over Violence against Rohingya in Myanmar," CNN, December 7, 2021, https://www.cnn.com/2021/12/07/tech/facebook-myanmar-rohingya-muslims-intl-hnk/index.html.
36. Mathew Ingram, "What Should We Do about the Algorithmic

Amplification of Disinformation?" *Columbia Journalism Review*, March 11, 2021, https://www.cjr.org/the_media_today/what-should-we-do-about-the-algorithmic-amplification-of-disinformation.php.

37. Isobel Asher Hamilton, "Mark Zuckerberg says Whistleblower's Claims That Facebook Places Profit over People 'Don't Make Any Sense,'" *Business Insider*, October 6, 2021, https://www. businessinsider.com/mark-zuckerberg-facebook-whistleblower-claims-dont-make-sense-2021-10./
38. Sophie Zhang, "Don't Blame Russian Trolls for America's Anti-vaxx Problem. Our Misinformation Is Homegrown," *Guardian*, August 18, 2021, https://www.theguardian.com/technology/2021/aug/18/facebook-fazze-russian-trolls-anti-vaxx-misinformation.
39. Sarah Olutola, "Nicki Minaj's COVID-19 Vaccine Tweet about Swollen Testicles Signals the Dangers of Celebrity Misinformation and Fandom," *The Conversation*, September 20, 2021, https://theconversation.com/nicki-minajs-covid-19-vaccine-tweet-about-swollen-testicles-signals-the-dangers-of-celebrity-misinformation-and-fandom-168242; Geoff Brumfiel, "The Life Cycle of a COVID-19 Vaccine Lie," NPR, July 20, 2021, https://www.npr.org/sections/health-shots/2021/07/20/1016912079/the-life-cycle-of-a-covid-19-vaccine-lie.
40. Terry Francke, "Expand Fairness Doctrine beyond Airwaves?" Calaware.org, December 16, 2008, https://calaware.org/fairness-doctrine-expanded-beyond-airwaves/.

41. Victor Pickard, "The Fairness Doctrine Won't Solve Our Problems–But It Can Foster Needed Debate," *Washington Post*, February 4, 2021, https://www.washingtonpost.com/outlook/2021/02/04/fairness-doctrine-wont-solve-our-problems-it-can-foster-needed-debate/.
42. Andrew Hutchinson, "New Research Shows That 71% of Americans Now Get News Content via Social Platforms," *Social Media Today*, January 12, 2021, https://www.socialmediatoday.com/news/new-research-shows-that-71-of-americans-now-get-news-content-via-social-pl/593255/.
43. Ian Millhiser, "A new Supreme Court Case Could Fundamentally Change the Internet," *Vox*, October 6, 2022, https://www.vox.com/policy-and-politics/2022/10/6/23389028/supreme-court-section-230-google-gonzalez-youtube-twitter-facebook-harry-styles.
44. 2022년 5월 28일, 클린트 와츠와의 사적인 대화.
45. ₩Steven Salzberg, "De-platform the Disinformation Dozen," *Forbes*, July 19, 2021, https://www.forbes.com/sites/stevensalzberg/2021/07/19/de-platform-the-disinformation-dozen/?sh=4e3d61af7378. As of November 2022, only 4 of the 12 seem to have been deplatformed and 8 of the 12 still had active accounts on Twitter.
46. Elizabeth Dwoskin and Craig Timberg, "Disinformation Dropped Dramatically the Week after Twitter Banned Trump and Some Allies," *Washington Post*, January 16, 2021, https://www.washingtonpost.com/technology/2021/01/16/misinformation-trump-twitter/.

47. Geoffrey Fowler and Chris Alcantara, "Gatekeepers: These Tech Firms Control What's Online," *Washington Post*, March 24, 2021, https://www.washingtonpost.com/technology/2021/03/24/online-moderation-tech-stack/.
48. Jack Snyder, "The First Amendment Is Not a Suicide Pact," *American Purpose*, May 5, 2021, https://www.americanpurpose.com/articles/the-first-amendment-is-not-a-suicide-pact/.
49. The watershed year was 2006: Katie Hafner, "Growing Wikipedia Refines Its 'Anyone Can Edit' Policy" *New York Times*, June 17, 2006, https://www.nytimes.com/2006/06/17/technology/17wiki.html.
50. Benjamin Klutsey, "Defending the Constitution of Knowledge," *Discourse*, June 25, 2021, https://www.discoursemagazine.com/ideas/2021/06/25/defending-the-constitution-of-knowledge/.
51. Philipp Schmid and Cornelia Betsch, "Effective Strategies for Rebutting Science Denialism in Public Discussions," *Nature* 3 (2019): 931-939, https://www.nature.com/articles/s41562-019-0632-4.
52. Stephan Lewandowsky, "Combatting Knowledge Dementors," Pontifical Academy of Social Sciences, The Vatican, September 14, 2021, http://www.pass.va/content/dam/scienzesociali/booklet/booklet_post_truth.pdf, https://www.youtube.com/watch?v=jZHrb-72rrg.
53. Ben Smith, "A Former Facebook Executive Pushes to Open Social Media's 'Black Boxes,'" *New York Times*, January 2, 2022, https://www.nytimes.com/2022/01/02/business/media/crowdtangle-facebook-brandon-silverman.html.

54. 2021년 12월 8일, 클린트 와츠와의 사적인 대화.
55. https://www.judiciary.senate.gov/meetings/algorithms-and-amplification-how-social-media-platforms-design-choices-shape-our-discourse-and-our-minds.
56. Ken Belson, "Senator's Slip of the Tongue Keeps on Truckin' over the Web," *New York Times*, July 17, 2006, https://www.nytimes.com/2006/07/17/business/media/17stevens.html.
57. Makena Kelly, "Congress Is Way behind on Algorithmic Misinformation," *The Verge*, April 27, 2021, https://www.theverge.com/2021/4/27/22406054/facebook-twitter-google-youtube-algorithm-transparency-regulation-misinformation-disinformation.
58. 상원의원 사법위원회 개인정보보호, 기술 및 법률 소위원회에 대한 조앤 도노번의 성명서, April 27, 2021, https://www.judiciary.senate.gov/imo/media/doc/Donovan%20Testimony%20(updated).pdf.

5장 역정보를 믿는 자

1. Ben Yagoda, "Your Lying Mind," *Atlantic*, September 2018, https://www.theatlantic.com/magazine/archive/2018/09/cognitive-bias/565775/.
2. J. Eric Oliver and Thomas J. Wood, "Conspiracy Theories and the Paranoid Style(s) of Mass Opinion," *American Journal of Political Science* 58, no. 4 (October 2014): 952-966, https://onlinelibrary.wiley.com/doi/abs/10.1111/ajps.12084; John Sides, "Fift y Percent of Americans Believe in Some Conspiracy Theory. Here's Why," *Washington Post*, February 19, 2015, https://www.washington post.com/news/monkey-cage/

wp/2015/02/19/fifty-percent-of-americans-believe-in-some-conspiracy-theory-heres-why/.

3. Tim Weiner, "This Is Where Oliver Stone Got His Loony JFK Conspiracies From," *Rolling Stone*, November 22, 2021, https://www.rollingstone.com/politics/politics-features/jfk-oliver-stone-conspiracy-theory-russian-disinformation-1260223/.
4. Statista Research Department, "Belief That September 11 Was an Inside Job in the Unisted States in 2019," June 14, 2022, https://www.statista.com/statistics/959504/belief-september-11-inside-job-conspiracy-us/.
5. Katherine Schaeffer, "A Look at the Americans Who Believe There Is Some Truth to the Conspiracy That COVID-19 Was Planned," Pew Research Center, July 24, 2020, https://www.pewresearch.org/fact-tank/2020/07/24/a-look-at-the-americans-who-believe-there-is-some-truth-to-the-conspiracy-theory-that-covid-19-was-planned/.
6. Chuck Todd et al., "Study Finds Nearly One-in-Five Americans Believe QAnon Conspiracy Theories," NBC News, May 27, 2021, https://www.nbcnews.com/politics/meet-the-press/study-finds-nearly-one-five-americans-believe-qanon-conspiracy-theories-n1268722.
7. Philipp Schmid and Cornelia Betsch, "Effective Strategies for Rebutting Science Denialism in Public Discussions," *Nature Human Behavior* 3 (2019): 931-939, https://www.nature.com/articles/s41562-019-0632-4.
8. Sander Van Der Linden et al., "Inoculating against Misinformation," *Science* 358, no. 6367 (December 1,

2017): 1141-1142, https://www.science.org/doi/10.1126/science.aar4533.

9. https://cognitiveimmunology.net/about-circe.

10. Lena Sun and Maureen O'Hagan, "'It Will Take Off Like Wildfire': The Unique Dangers of the Washington State Measles Outbreak," *Washington Post*, February 6, 2019, https://www.washingtonpost.com/national/health-science/it-will-take-off-like-a-wildfire-the-unique-dangers-of-the-washington-state-measles-outbreak/2019/02/06/cfd5088a-28fa-11e9-b011-d8500644dc98_story.html; Jason Samenow, "NASA Head Jim Bridenstine, Once Doubtful, Confirms He Believes Humans Are the Leading Cause of Climate Change," *Washington Post*, May 23, 2018, https://www.washingtonpost.com/news/capital-weather-gang/wp/2018/05/23/nasa-head-jim-bridenstine-once-doubtful-confirms-he-believes-humans-are-the-leading-cause-of-climate-change/; Dwane Brown, "How One Man Convinced 200 Ku Klux Klan Members to Give Up Their Robes," NPR, August 20, 2017, https://www.npr.org/2017/08/20/544861933/how-one-man-convinced-200-ku-klux-klan-members-to-give-up-their-robes; Rachael Allen, "The Man Who Wants to Free Trump Supporters from 'Mind-Control,'" *Slate*, June 1, 2021, https://slate.com/human-interest/2021/06/steven-hassan-former-moonie-trumpism-cult-theory.html.

11. https://hearyourselft hink.org/.

6장 진실 전쟁에서 승리하는 법

1. Personal communication with Jessica Dawson, June 6, 2022; Jessica Dawson, "Microtargeting as Information Warfare," *Cyber Defense Review* (Winter 2021): 63–79, https://cyberdefensereview.army.mil/Portals/6/Documents/2021_winter_cdr/04_CDR_V6N1_Dawson.pdf.
2. 2021년 12월 8일, 클린트 와츠와의 사적인 대화
3. Gaby Galvin, "Racial Gaps in Vaccine Willingness Are Narrowing, but Partisan Ones Persist," *Morning Consult*, March 17, 2021, https://morningconsult.com/2021/03/17/covid-vaccine-partisan-racial-gaps-poll/.
4. Mia Jankowicz, "How 4 Black Alabama Women Went Door-to-Door Persuading People to Get Jabbed in One of the Least Vaccinated US States," *Business Insider*, September 29, 2021, https://www.businessinsider.com/what-its-like-to-go-door-door-promoting-vaccine-alabama-2021-9.
5. Michelle Robertson, "This SF Woman Convinced 1,270 People to Get Vaccinated. Here's Her Secret," SFGATE, August 12, 2021, https://www.sfgate.com/bayarea/article/felisia-thibodeaux-vaccination-it-bookman-inglesid-16382590.php.
6. Audra Burch and Amy Schoenfeld Walker, "Why Many Black Americans Changed Their Minds about COVID Shots," *New York Times*, October 16, 2021, https://www.nytimes.com/2021/10/13/us/black-americans-vaccine-tuskegee.html.
7. Susan Glasser, "What Does National Security Even Mean Anymore, after January 6th and the Pandemic?" *New Yorker*,

March 4, 2021, https://www.newyorker.com/news/letter-from-bidens-washington/what-does-national-security-even-mean-anymore-after-january-6th-and-the-pandemic.

8. Kevin Breuninger, "Top U.S. Gen. Mark Milley Feared Trump Would Attempt a Coup after His Loss to Biden, New Book Says," CNBC, July 15, 2021, https://www.cnbc.com/2021/07/15/mark-milley-feared-coup-after-trump-lost-to-biden-book.html.
9. Dana Milbank, "This Historian Predicted Jan 6. Now He Warns of Greater Violence," *Washington Post*, July 15, 2021, https://www.washingtonpost.com/opinions/2021/07/15/american-democracy-survived-its-reichstag-fire-jan-6-threat-has-not-subsided/.
10. Ben Jacobs, "Is Trump's Coup a 'Dress Rehearsal'?" *New York Magazine*, December 27, 2020, https://nymag.com/intelligencer/2020/12/historians-fear-trumps-failed-coup-is-a-dress-rehearsal.html.
11. Barton Gellman, "Trump's Next Coup Has Already Begun," *Atlantic*, December 6, 2021, https://www.theatlantic.com/magazine/archive/2022/01/january-6-insurrection-trump-coup-2024-election/620843/.
12. Adrian Blanco, Daniel Wolfe, and Amy Gardner, "Tracking Which 2020 Election Deniers Are Winning, Losing in the Midterms," *Washington Post*, November 7, 2022, https://www.washingtonpost.com/politics/interactive/2022/election-deniers-midterms/?itid=lk_inline_manual_31.
13. Barton Gellman, "Trump's Next Coup Has Already Begun," *Atlantic*, December 6, 2021, https://www.theatlantic.com/

magazine/archive/2022/01/january-6-insurrection-trump-coup-2024-election/620843/.

14. Kyle Cheney, "Efforts to Trump-Proof Presidential Certification Crash into Congressional Realities," *Politico*, January 1, 2022, https://www.politico.com/news/2022/01/01/congress-future-presidential-ballots-trump-challenge-526168.
15. Elaine Kamarck, "What HAPPENS if Trump and Biden TIE in the Electoral College?" Brookings(blog), October 21, 2020, https://www.brookings.edu/blog/fixgov/2020/10/21/what-happens-if-trump-and-biden-tie-in-the-electoral-college/.
16. Jon Roozenbeek, Sander van der Linden, and Thomas Nygren, "Prebunking Interventions Based on 'Inoculation' Theory Can Reduce Susceptibility to Misinformation across Cultures," *Misinformation Review*, February 3, 2020, https://misinforeview.hks.harvard.edu/article/global-vaccination-badnews/.
17. Stephan Lewandowsky and Anastasia Kozyreva, "Algorithms, Lies, and Social Media," NiemanLab, April 7, 2022, https://www.niemanlab.org/2022/04/algorithms-lies-and-social-media/.
18. Barbara F. Walter, "'These Are Conditions Ripe for Political Violence': How Close Is the US to Civil War?" *Guardian*, November 6, 2022, https://www.theguardian.com/us-news/2022/nov/06/how-close-is-the-us-to-civil-war-barbara-f-walter-stephen-march-christopher-parker.
19. Timothy Snyder, *On Tyranny: Twenty Lessons from the Twentieth Century* (New York: Tim Duggan Books, 2017); Yochai Benkler, Robert

Faris, and Hal Roberts, *Network Propaganda: Manipulation, Disinformation, and Radicalization in American Politics* (New York: Oxford University Press, 2018).

이 책을 후원해주신 분들

zrabbit, 강혜리, 고보민, 고청산, 권민경, 김동섭, 김민섭, 김지성, 김지영, 김태연, 김화랑, 도방주, 도제희, 배재윤, 백광희, 백지윤, 서성훈, 설문정, 시쓰Tenor한대상, 오충환, 용오름, 윤대관, 윤보승, 이동현, 이애자, 이영수, 이영술, 이영현, 이영현, 이은미, 이하린 로겸, 전길수, 전민규, 전우병, 정기범, 조부건, 조애순, 주윤영, 중부일보 이진주, 차두한, 천병규, 철승, 외 33명

역정보와 가짜뉴스,
프로파간다로부터 민주주의 지키기

누가 진실을 전복하려 하는가

초판 1쇄 인쇄 2024년 10월 28일
초판 1쇄 발행 2024년 11월 08일

지은이 리 매킨타이어
옮긴이 김재경
해제 정준희

발행인 이성현
책임 편집 전상수

펴낸 곳 도서출판 두리반
주소 서울특별시 종로구 사직로 8길 34(내수동 72번지) 1104호
편집부 전화 (02)737-4742 | **팩스** (02)462-4742
이메일 duriban94@gmail.com

등록 2012. 07. 04 / 제 300-2012-133호
ISBN 979-11-88719-26-6 03300

※ 책값은 뒤표지에 있습니다.